J.-B. FAURE

J.-B. Faure, portrait par Zorn

UNE GLOIRE FRANÇAISE DE L'ART LYRIQUE

J.-B. FAURE

1830-1914

PAR

HENRI DE CURZON

AVEC 16 PORTRAITS

PARIS
LIBRAIRIE FISCHBACHER
33, RUE DE SEINE, 33

1923

A LA MÉMOIRE

DE

MAURICE FAURE

Dès longtemps j'avais formé le dessein de conter la magnifique carrière de J.-B. Faure, honneur de la scène lyrique française, et dire un peu ce que fut le grand artiste, en quoi il mérita cette réputation mondiale dont l'écho n'est pas encore dissipé et cet universel respect qui l'entoura toujours. La gloire des plus célèbres interprètes de la scène n'est que trop éphémère : un nom, le titre de leurs « créations », elle ne laisserait rien de plus après elle, si quelque plume attentive n'en fixait le souvenir.

Le plus grand artiste dont la scène lyrique française ait pu s'enorgueillir avant Faure, Adolphe Nourrit a été aussi, jadis, l'objet d'une étude approfondie, par les soins érudits de Louis Quicherat, qui avait été son ami. J'ai essayé d'en suivre l'exemple. — Ce souvenir, n'est-ce pas comme un devoir de gratitude et de reconnaissance, de le sauvegarder pour la postérité, lorsqu'il s'attache à de vraies joies d'art, à un fécond et noble enseignement? Je n'ai connu Faure qu'assez tard, mais j'avais d'autant plus vive, à son égard, cette impression de dette, que je le voyais plus convaincu de la vanité de sa célébrité passée. L'évoquer, devant lui, était décevant : il semblait s'appliquer, s'entraîner à l'oublier, à l'écarter de lui ; et c'est un trait qui manquerait à son caractère s'il n'était indiqué, que cette philosophie, sans amertume mais désabusée, dont il voulut envelopper le déclin de sa vie.

Il l'avait, du reste, poussée si loin, avec un parti-pris si radical, que, des innombrables témoignages écrits de cette souveraine vie d'artiste, de tous les articles de journaux ou de revues qui en soulignaient les étapes, il n'avait rien voulu conserver. A une époque dont nul n'a reçu la confidence, mais assurément ancienne, il a tout détruit... Je crois, s'il eût pu faire boire à la postérité un philtre d'oubli, qu'il n'y eût pas manqué ! Pendant sa carrière, il n'avait jamais voulu se faire entendre que dans la plénitude de ses moyens : sans eux, il lui semblait qu'il n'était plus lui-même... Il s'était toujours refusé à faire des élèves, de crainte que, son exemple disparu, son enseignement ne s'en trouvât faussé! Une fortune ne l'aurait pas persuadé de livrer sa voix aux phonographes... En demandant à l'oubli la garantie de son indépendance, il restait logique.

Ce souci, qui a toujours guidé ce noble artiste, de ne laisser de lui qu'une réputation inaltérable, n'est certes pas pour déplaire au biographe. Mais quelle tâche !... Quelqu'un, du moins, portait à mon projet un intérêt passionné : son fils Maurice. Il m'eût aidé de tous ses souvenirs ; il m'eût guidé de son goût averti ; il eût suivi pas à pas mes recherches... Hélas ! à peine saisie, la plume m'est tombée des mains! Quelques semaines après son père, à 52 ans, le 7 février 1915, Maurice Faure, capitaine commandant au 1er Hussards, succombait à un mal contracté aux avant-postes de Lorraine et dont l'épuisement de ses forces n'avait pas permis d'avoir raison.

Il n'était pas militaire de carrière, et l'état de sa santé eût dû lui interdire de reprendre du service. Le sacrifice qu'avait fait d'avance son ardent patriotisme n'en apparaît que plus complet. Né à Paris, le 11 mai 1862, il résumait en lui les dons et les goûts d'artiste de son père, la sûreté de vues, l'infinie bonté, le charme adorable de sa mère, qui fut, elle aussi, une grande artiste... la noblesse de carac-

tère de tous les deux. Il y joignait des qualités particulières de chercheur et d'érudit.

Il était peintre, élève d'Andrieux et de Zorn : ses paysages, ses marines attiraient l'attention. Aux expositions des Aquarellistes français, ses œuvres très remarquées, gardaient la lumineuse couleur des visions rapportées de Tunisie et d'Egypte, et ses portraits, traités largement, en pleine eau, d'une facture personnelle et particulière, méritaient l'admiration du public et des artistes.

Il avait un véritable don pour les langues, et les questions les plus subtiles de linguistique comparée le passionnaient : il a laissé des travaux qui prouvent une information générale peu commune.

Enfin la voix de son père se retrouvait en lui, dans ce qu'elle avait, du moins, de plus séduisant, dans sa beauté et son charme : elle en évoquait jusqu'au timbre même. Certains concerts de charité, certaines cérémonies d'église ont permis à quelques personnes de s'en rendre compte et de l'admirer, mais sa modestie se gardait bien d'en tirer vanité.

Et quel ami fidèle, sûr et dévoué! C'était une nature d'élite, et tous ceux qui l'ont connu lui gardent un souvenir ému.

Il avait épousé, en 1897, la fille du grand violoniste Ad. Herman, et cette union avait entouré les années de souffrances de Mme Faure et la verte vieillesse du grand artiste d'un petit monde d'enfants où se concentrait toute leur joie.

C'est à sa mémoire que j'ai tenu à dédier ces pages auxquelles il voulait bien, d'avance, accorder tant de sympathie.

1914-1922.

J.-B. FAURE (1830-1914)

CHAPITRE PREMIER

L'ENFANCE, LES MAITRISES, LE CONSERVATOIRE. 1830-1852

Jean-Baptiste Faure est né à Moulins, le 15 janvier 1830, dans une modeste maison située vis-à-vis de la cathédrale. Pourtant, il s'en faut de bien peu qu'on ne puisse le dire Parisien : c'est à peine si les trois premières années de sa petite enfance se passèrent sur les rives de l'Allier.

Son père, qui était chantre, et dont on n'a pas oublié, à Moulins, la voix puissante et rude (ses camarades l'avaient surnommé « gosier d'acier »), accepta un jour les offres flatteuses qui lui vinrent d'une autre maîtrise de cathédrale, celle de Paris, et ne tarda pas à s'installer, avec tous les siens, tout auprès, rue Massillon.

C'est donc bien dans la ville qui devait l'acclamer un jour, que l'enfant sentit son âme s'éveiller à la musique et même à toute impression de beauté. C'est sous les voûtes de l'antique sanctuaire qu'il s'éprit de l'art plastique ; c'est l'harmonie grandiose de ses offices qui lui donna ses premières jouissances sonores. Son grand bonheur, en effet, était d'accompagner son père et de se blottir, sans bruit, parmi les instruments. La contrebasse, surtout, exerçait sur lui un attrait invincible : en faire vibrer les cordes le plongeait dans l'extase.

Déjà, se dessinait donc pour lui un paisible apprentissage musical ; déjà, si la voix lui venait, on pouvait augurer qu'il serait un jour l'émule puis le successeur de son père. Malheureusement, la maladie, puis une mort prématurée, vinrent arrêter tout projet, tout espoir d'avenir. En quelques jours, son père succomba à une attaque et laissa dans un véritable dénuement sa veuve et ses trois enfants.

Jean-Baptiste, qui était le seul garçon, n'avait encore que sept ans.

Comment, à un âge aussi tendre, pouvait-il songer à subvenir à la détresse de ce pauvre foyer ? Il ne tarda pas à l'entreprendre, cependant. L'éducation morale qu'il recevait de sa mère devait faire naître de bonne heure ce dessein dans son âme, et développer en même temps cet esprit d'initiative, cette volonté obstinée, cette persévérance dans l'effort qui apparaissent chez lui dès ses premiers pas au seuil de sa carrière. Tout fait supposer qu'il tenait d'elle ces fortes qualités. Aussi, bien que devenu, et de plus en plus, son appui dans la vie, il n'avait cessé de s'appuyer lui-même sur elle, de chercher auprès d'elle conseil et approbation. Sa mère était comme sa conscience, et, lorsqu'il l'eut perdue, c'est un véritable culte qu'il lui rendait encore.

Nous en avons un témoignage singulier et très peu connu dans une sorte de formule cryptographique qu'il inscrivait en tête de toutes les œuvres composées par lui [1] et que portaient invariablement tous ses manuscrits. — Elle rappelle en même temps l'émotion religieuse et un peu mystique qui le saisissait toujours, aux prises avec l'art, et dont sont empreintes plus d'une de ses œuvres :

m. m. c. v. s. m. e. s. t. c. q. j !

(Ma mère chérie veille sur moi et sur tout ce que j'aime !)

Ce grand artiste aura eu le bonheur inappréciable de trouver toujours à son foyer le soutien, à la fois tendre et ferme, qu'y peut apporter un cœur féminin. Après sa mère,

1. Elle figure, dissimulée au-dessous de la vignette de l'Avant-propos, en tête du traité *la Voix et le Chant*, paru en 1886.

nous verrons quelle compagne d'élite il trouva chez sa femme, et quel appui moral !

Je reviens à ses débuts comme chef de famille. Ils furent d'abord semés de déceptions. Il avait une jolie voix de soprano et du goût pour la musique, mais son père n'était plus là. Il sollicita son entrée à la maîtrise de Notre-Dame... et ne fut pas admis. Les premiers éléments lui manquaient évidemment, et l'on ne se souciait pas de prendre la peine de les lui enseigner. — Il paraît qu'il avait énuméré les notes en sens inverse, dans la gamme qu'on l'avait prié de solfier ! — Cet échec le mit au désespoir et sa mère en tomba malade. La misère était tellement absolue au foyer familial ! Faure se rappelait plus tard les repas où un morceau de pain trempé dans un verre de bière devait suffire à chacun...

Toutefois, la partie n'était pas absolument perdue. L'organiste avait trouvé l'enfant intelligent, désireux d'apprendre ; il s'intéressa à lui, et, tout en le faisant agréer comme souffleur, — situation qui n'allait pas sans quelque rémunération : 200 fr. par an, nous dit-on, — il lui donna des leçons de piano et de solfège. Accordons un souvenir reconnaissant à ce brave homme qui dut se féliciter, plus tard, d'avoir si bien placé sa complaisante bonté.

C'est, en attendant, grâce à lui, que l'enfant put se présenter, et, cette fois, avec succès, devant une autre maîtrise : celle de Saint-Nicolas-du-Chardonnet. Il en faisait partie en titre lorsqu'il concourut et fut admis au Conservatoire. C'était en 1843 ; il avait treize ans.

Son travail, son émulation n'en furent que plus ardents, et, comme, d'ailleurs, il songeait constamment à celle qu'il laissait à la maison, son professeur, celui de la classe de solfège où il était entré, Tariot [1], qui était en même temps chef des chœurs au Théâtre-Italien, ne tarda pas à le faire engager parmi les soprani enfants, chargés de représenter les pages ou les fils de personnages d'opéra.

1. 1802-1872.

Ils étaient quatre (qui portaient des noms dont on riait un peu en les plaçant dans cet ordre : Poisson, Grillié, Cognet, Faure), et touchaient 25 fr. par mois.

Et dès lors, pendant plusieurs années, l'église le matin, le théâtre le soir, apportèrent à la pauvre famille un réconfort un peu régulier.

Aux *Italiens*, à cette époque, régnaient Mario et Giulia Grisi, Ronconi, Mmes Persiani, Brambilla... On jouait *Don Juan* et *le Barbier de Séville*, *Otello* et *Norma*, *Lucie de Lammermoor* et *Don Pasquale*, *Lucrèce Borgia*, *la Somnambule*, *Sémiramis*, *la Pie voleuse*, *Cendrillon*, *Tancrède*..., répertoire exquis, précieuse école d'art... Grâce à sa petite taille, Faure se glissait au premier rang, tout yeux, tout oreilles. Parfois, il avait l'insigne honneur — et l'a raconté plus tard — de tenir le chapeau de Mario, tandis que celui-ci, suivant la tradition des ténors, s'en débarrassait négligemment pour chanter... Il devait ce privilège à l'enthousiasme avec lequel il avait, certain soir, porté secours à l'illustre artiste, dont le manteau s'était accroché dans un décor. Avec quelle respectueuse admiration, en effet, ne buvait-il pas les moindres inflexions de cette voix savoureuse, lui qui, déjà, n'avait qu'une passion au cœur : l'art du chant.

Mais quelle passion, aussi ! Comme il ambitionnait de devenir un jour le rival de ces maîtres ! Comme il comprenait qu'il faut aimer *fortement et uniquement* pour arriver ! — « J'étais amoureux de mon art, avouait-il dans sa vieillesse, amoureux immensément ! Et devant un véritable amour, quels obstacles ne finissent pas par s'aplanir ! »

C'est à la maîtrise de la Madeleine qu'il put avoir comme un avant-goût des succès que lui ménageait l'avenir. Il y était entré avec la plénitude de ses moyens de soprano, et dans des conditions singulièrement flatteuses. Il avait déjà sa petite réputation parmi les maîtrises, et on l'engageait de-ci de-là en vue de quelque cérémonie. Un jour, comme le maître de chapelle de l'Abbaye-au-bois (alors paroisse), Trévaux, qui sollicitait la même place, vacante, à la Madeleine, organisait un salut, pour l'épreuve sur laquelle il devait être jugé, un ami lui signala l'enfant. Il suivit ce conseil, et bien lui en prit ; car il avait donné au jeune Faure deux motets à chanter... et le jury l'eut à peine entendu qu'il interrompit l'épreuve : la cause était acquise.

Trévaux était, au surplus, un maître exceptionnel, et c'est encore le meilleur bénéfice que Faure tira de ce succès. Il ne s'était pas borné à engager (à 30 fr. par mois) celui qui l'avait si bien servi. Frappé de sa nature d'élite, il s'était mis à s'occuper tout spécialement de lui. Ce furent des études passionnées et grâce auxquelles le soprano ne tarda pas à devenir un vrai musicien, presque un artiste.

Aussi quelle reconnaissance profonde Faure ne lui garda-t-il pas toute sa vie ! Il ne se lassait pas de prendre ses conseils, en pleine carrière, et de le proclamer son « seul véritable éducateur ».

De fait, sa voix ronde, pure, sonore, son accent pénétrant ne tardèrent pas à produire sur les fidèles de la paroisse, et sur bien d'autres, attirés par les messes d'enterrement ou de mariage, une impression sans précédents. On le demanda, on le fit chanter dans des soirées ! Des mourants le réclamèrent expressément pour leurs obsèques. Un petit legs lui fut attribué, une fois, dans ce but, pour cette raison « qu'il pensait à ce qu'il chantait ».

Cette voix émouvante d'enfant, Faure eut la chance de la conserver longtemps ; car, à seize ans encore, il la faisait entendre à Spontini, surpris et charmé. — Aussi bien, nous le verrons, il la conserva, jusqu'à un certain point, toute sa vie, sans, naturellement, en faire usage. — Mais un moment vient où il faut bien qu'elle change, et d'abord disparaisse. L'inévitable mue se produisit enfin, et d'autant plus violente, semble-t-il, que les organes étaient d'un plus beau métal. La carrière du jeune homme s'en trouva arrêtée net, et une fois de plus, le foyer familial, auquel il consacrait tous ses maigres bénéfices, eut à faire face à la plus précaire situation.

Une fois de plus, Faure prit sa tâche à pied-d'œuvre. Sans perdre la tête, conscient de son devoir, conscient de sa volonté, et d'ailleurs confiant dans l'avenir, il ne songea qu'à retrouver, pour le temps de sa chrysalide vocale, n'importe quel autre gagne-pain d'équivalent rapport. Ses deux sœurs faisaient des travaux de couture ; il songea d'abord à entrer chez un menuisier ! Cependant, n'y avait-il pas mieux à faire, dans une voie moins éloignée de ses goûts ? Sa passion d'enfant pour le majestueux instrument, soutien des maîtrises, lui revint soudain à la mémoire, et il loua une contrebasse, il la travailla avec acharnement, il se fit admettre, dès qu'il put, dans un orchestre de bal de barrière... Et voilà ses soirées assurées, avec un gain quotidien, nous dit-on, de 1 fr. 50 et une bouteille de vin.

Naturellement, il ne s'en tint pas là. Les danses dont il devait souligner d'un archet robuste, au « Grand Vainqueur », le rythme entraînant et banal, ne l'eussent certes pas amené à de grand progrès. Mais nous savons déjà que tout labeur lui était doux pour arriver à ses fins, et c'est à l'orchestre de l'Odéon qu'une étude persévérante le conduisit bientôt : ce fut 30 fr. de plus par mois.

Ce théâtre, à vrai dire, n'employait guère ses musiciens qu'à distraire le public pendant les entr'actes ; à peine quelques pièces bénéficiaient-elles d'un peu de musique de scène. Mais une grande latitude était laissée au chef d'orchestre dans la composition de ses programmes, et le jeune contrebassiste y put trouver des satisfactions d'artiste.

Restait à occuper les journées. Le piano, qu'il n'avait jamais abandonné, l'avait amené à l'orgue de chœur : c'est devant ce clavier que nous le retrouvons, à son ancienne maîtrise de Saint-Nicolas-du-Chardonnet...

Il y était, il y resta quelque temps encore, lorsque, la voix revenue, il put se représenter au Conservatoire pour les hautes classes lyriques. Le mot dont Auber, le directeur, l'accueillit alors, mérite de figurer en bonne place dans le recueil jamais achevé des prédictions que l'avenir se charge de ridiculiser. — « Ah ! c'est vous, l'organiste ?

déclara-t-il au jeune Faure... Eh bien, vous feriez joliment mieux de rester où vous êtes : vous n'avez pas une tête à faire un chanteur ! »

Nous sommes ici en 1850 et Faure avait vingt ans. Il s'était bien gardé de hâter imprudemment l'achèvement de sa mue ; mais de quelle incertitude, de quelle appréhension n'était-il pas saisi en couvant, pour ainsi dire, l'éclosion de sa voix d'homme ! Elle se révéla enfin, grave, vibrante, étoffée : le soprano était devenu basse chantante.

Il lui sembla qu'un monde inconnu et merveilleux s'ouvrait soudain devant lui... Quelles ressources nouvelles, quelles surprises fécondes lui ménageait-il ? On devine facilement, — quand on se rappelle son religieux respect de l'art, — l'émotion dont il dut se sentir soulevé. Pour explorer au plus vite son beau domaine, il eut tôt fait de planter là sa contrebasse, et d'abord de reprendre place dans les chœurs du Théâtre-Italien, pour s'y tenir, cette fois, à l'autre bout de l'échelle vocale. Son gagne-pain restant assuré ainsi (il touchait même 50 fr. par mois, maintenant, comme choriste), il pouvait à loisir se préparer au prochain concours d'admission au Conservatoire.

C'est le 25 novembre de cette année 1850 qu'il y fut reçu, ou, pour mieux dire, qu'il y rentra. Il prit rang dans la classe de *chant* de Ponchard, maître excellent, chanteur célèbre pour son charme et son goût, depuis longtemps retiré de la scène. Deux mois plus tard, le 31 janvier 1851, il entrait dans la classe d'*opéra-comique*, de Moreau-Sainti, artiste plus modeste, mais d'expérience, qui venait de prendre aussi sa retraite du théâtre. Enfin, le 16 mars suivant, il était nommé pensionnaire.

Ces dates ne sont pas inutiles à relever : elles prouvent très nettement que le jeune Faure avait reçu, au Conservatoire, un accueil qui n'était pas celui d'un élève quelconque. On n'allait pas si vite, même alors, sans une éducation préalable et des moyens rares. Qu'il fût d'ailleurs externe, pour commencer, comme le sont aujourd'hui tous les élèves de cette école, c'est tout naturel. Les règlements — et il venait justement d'en être promulgué un nouveau le 22 novembre 1850 — sont formels sur ce point : un *stage* de *six* mois devait précéder l'admission au pensionnat. Comment, dès lors, expliquer que les biographes assurent qu'il y fut « refusé » par deux fois, alors qu'au contraire ce stage obligatoire a été *abrégé* pour lui ?

Le Conservatoire comportait alors, depuis 1806, un pensionnat de dix élèves hommes, spécialement destinés à la carrière lyrique, et logés, nourris, habillés, entretenus aux frais de l'État, en échange d'un engagement formel de suivre jusqu'au bout leurs études (limitées à deux ans), et de débuter sur un théâtre subventionné. Un uniforme distinguait les jeunes privilégiés : habit et redingote, pantalon et gilet de drap bleu à boutons jaunes, portant une lyre qu'entouraient ces mots : « Conservatoire de musique ». Nous avons encore une photographie qui montre le jeune Faure vêtu de la sorte et coiffé du képi réglementaire.

L'épreuve est d'ailleurs précieuse pour évoquer à nos yeux ces qualités de caractère, de fermeté, de persévérance, que nous avons déjà reconnues au cours de ses jeunes années. L'œil, sous des sourcils très marqués, reflète une volonté calme ; le visage est plein, déjà encadré de cette barbe naissante qu'il portera longue toute sa vie : on a l'impression d'une maturité précoce, habituée à envisager sérieusement ses devoirs, et qui sait où elle va. Aussi bien, cette impression ressort déjà d'une photographie antérieure et tout imberbe, dont le large front, l'œil clair, la simplicité assurée, ont une vraie personnalité avant l'âge.

Aux concours publics de sa première année d'école, Faure ne parut pas en *chant*, mais seulement en *opéra-comique*, comme pour s'aguerrir à la scène : le premier accessit lui fut décerné. Mais l'année suivante, le premier prix de *chant*, d'abord, puis le premier d'*opéra-comique*, tous deux à l'unanimité, vinrent couronner ses efforts passionnés, son acquit déjà surprenant.

Il avait chanté le difficile air de *Zaïre* (de Mercadante) et joué quelques scènes de *l'Italienne à Alger* (de Rossini) :

c'est-à-dire, — et voilà pour excuser les arrangements, bien plus modérés, que nous blâmons encore aujourd'hui dans ces concours, — un amalgame composé d'un air de *Sémiramis*, d'un duo de *Zelmire*, et du fameux trio bouffe : « pappataci » de *l'Italienne*.

On a gardé le souvenir, parmi ses camarades lauréats, de Bonnehée, de Sapin, de Mlles Boulart et Girard... Il est surtout intéressant de noter que ces mêmes concours virent décerner à Bizet (qui avait quatorze ans) son premier prix de piano, à Lamoureux son second prix de violon, à César Franck son premier prix d'orgue et à Charles Lecocq son second prix de contrepoint.

Faure n'avait pas concouru en *opéra*. Ses goûts autant que sa prudence, le tournaient pour le moment vers le seul Opéra-Comique. Engagé, aussitôt, par Émile Perrin, il y débutait, le 20 octobre, dans le rôle de Pygmalion de *Galathée*.

CHAPITRE DEUXIÈME

L'Opéra-Comique.

1852-1860

L'Opéra-Comique, à cette époque, vivait sur le répertoire suivant : *le Caïd* et *le Songe d'une Nuit d'été* (A. Thomas) ; *Gilles ravisseur*, *les Porcherons*, *le Carillonneur de Bruges*, *Bonsoir M. Pantalon* (Grisar) ; *le Diable à l'école* (Boulanger) ; *le Toréador*, *Giralda*, *le Farfadet* (Adam) ; *la Fée aux roses* (Halévy) ; *la Chanteuse voilée*, *Galathée* (Massé) ; *Madelon* (Bazin) ; *le Père Gaillard* (Reber)... indépendamment des œuvres plus anciennes de Grétry, Boïeldieu, Méhul, Nicolo, Hérold, Auber.

Bataille, Couderc, Bussine, Sainte-Foy, y tenaient la première place, avec Boulo, Jourdan, Mocker, Duvernoy, Carvalho, Meillet..., avec MMlles Ugalde, Miolan, Caroline Lefebvre, Révilly, Lemercier, Wertheimber...

Cette dernière, de deux ans plus jeune que Faure, et qui devait lui survivre aussi deux ans, venait alors de débuter, et son ample contralto, comme sa prestance, lui avait déjà fait une telle réputation, qu'à défaut de la basse Bataille, à qui il était destiné, on n'avait pas craint de lui faire incarner, en travesti — exemple funeste et trop souvent suivi depuis — le personnage de Pygmalion dans l'œuvre nouvelle de Victor Massé, *Galathée* (14 avril). Mais il est juste d'ajouter qu'à l'arrivée du jeune baryton, le compositeur s'empressa de rendre au rôle son sexe et sa vérité de caractère, et qu'il déclara par la suite que Faure en avait été le véritable « créateur ».

De fait, il n'eût pu souhaiter meilleur interprète. Pygmalion a surtout à chanter, et à bien chanter. Il faut, à son personnage, plus mélancolique que passionné, un style très soutenu, un chant lié et pur, du charme, de la poésie. Or, le débutant, avec un jeu encore un peu lourd mais un physique élégant, apportait une voix de velours, d'un timbre superbe, d'une rare étendue, à laquelle se pouvait reprocher une vibration parfois excessive, « caverneuse » comme on dit, mais que guidait un goût délicat, un art de vrai musicien. Le succès fut des plus chauds et confirma amplement les belles espérances fondées sur ses récents triomphes d'école.

Un second début, tout différent de style, dans le tambour-major du *Caïd*, suivit presque aussitôt et accentua d'autres qualités. Il faut, à ce cordial personnage, une voix importante en même temps qu'une diction légère et comme du bout des lèvres. On admira chez Faure, avec une virtuosité souple, agile, où chaque note sonnait également, un jeu plus à l'aise, gai, intelligent, d'une fatuité amusante sans exagération.

On admira également la maturité singulière que prouvait ainsi, dans des personnages d'un caractère aussi spécial et d'allures aussi opposées l'une à l'autre, ce jeune homme de vingt-deux ans, hier encore sur les bancs.

Il est inutile de dire qu'il avait, en quelque sorte, beaucoup vécu avec eux avant de les incarner. Tel sera désormais sa méthode, ou, pour mieux dire, son devoir de conscience, à l'égard de chacun des personnages qui lui seront confiés. Il prit tout de suite l'habitude de ne jamais rien laisser au hasard, d'être aussi sûr de ses moindres notes que de ses gestes les plus indifférents. C'est le seul secret de l'aisance du jeu en même temps que de sa justesse, de la couleur de la voix en même temps que de sa variété, de cette *autorité* enfin, qui, peu à peu développée, deviendra l'une de ses qualités les plus brillantes et les plus inoubliables.

Aussi sa carrière est-elle, tout de suite, d'un grand enseignement. Pendant les huit années qu'il passa à l'Opéra-Comique, il interpréta seize rôles : aucun ne ressemble au précédent ou au suivant. Avec une passion d'explorateur, avec une joie de dilettante en pleine maîtrise, Faure se plaît constamment à étendre ses ressources vocales, à chercher des expressions nouvelles, à imaginer des effets imprévus mais toujours distingués et *naturels*.

Le troisième des rôles qui lui furent dévolus, une « création » cette fois, fut celui de Manelli dans *la Tonelli* d'Ambroise Thomas, dont la première représentation eut lieu le 30 mars 1853. La scène se passe à Naples, au XVIIIe siècle, et plus spécialement au théâtre San Carlo, autour des amours de la *prima donna*, qu'incarnait ici Mme Ugalde. Faure avait à remplir un rôle manifestement écrit à son intention, celui du *primo buffo*, qui est à la fois le beau chanteur du théâtre et le préféré de la Tonelli. Il y évoqua, avec un rare bonheur, sous toutes ses formes, le caractère national italien : multiplicité de gestes, volubilité de débit, élégance naturelle... Il y déploya en même temps, pour la première fois, cette facilité inattendue que prenait sa voix à atteindre en demi-teinte les notes du baryton le plus élevé. Le naturel avec lequel elle évoluait à ces hauteurs donnait positivement le change. Dans ce rôle de Manelli, en particulier, on vit le gage, au profit des compositeurs, de « nouvelles combinaisons vocales », analogues à celles qu'avait permises jadis le célèbre Martin. En fait, Faure était bien trop prudent et sage pour demander à sa voix ces incursions dans un domaine étranger, autrement que comme des effets exceptionnels de charme et d'expression, non de virtuosité banale. Comme un violoncelle qui réserve à de rares et d'autant plus savoureuses nuances les sons de violon qu'il peut aussi donner, le jeune artiste ne s'aventurait qu'à bon escient au delà de sa tessiture réelle de basse chantante, et de façon à ne jamais lui nuire. Il nous dira pourquoi, plus

J.-B. Faure a 18 ans.

J.-B. Faure a 80 ans.

tard, sa carrière achevée, et se rendra cette justice de n'avoir jamais cédé, en ce sens, à l'ambition d'un succès final.

Pour en revenir à ce rôle de Manelli, on peut juger de l'honneur qu'en retira l'artiste par ces lignes de Fiorentino (sous la signature A. de Rovray) dans le *Moniteur* du 3 avril :

> On cherchait depuis longtemps un baryton jeune, bien fait, d'une jolie tournure, d'un extérieur distingué, sachant bien chanter et bien dire, et pouvant remplir au besoin les rôles d'amoureux sans trop d'invraisemblance. Je crois qu'on a trouvé tout cela dans M. Faure, un des meilleurs élèves du Conservatoire. Il a joué le personnage de Manelli avec une grande aisance, et peu de basses pourraient lutter avec lui d'agilité, de souplesse et d'élégance : témoin son grand air du second acte, où il fait preuve d'un goût parfait et d'une rare habileté de vocalisation.

Les données de la pièce annonçaient, au deuxième acte, un des duos de la *Servante maîtresse*, de Pergolèse, qui servait encore l'interprète de Manelli, en lui permettant cette nuance spéciale qu'apporte la comédie dans la comédie. L'effet en fut moins apprécié la première fois que lors de la reprise qui fut faite de l'œuvre au mois de décembre, avec Mlle Lefebvre dans le personnage de la Tonelli. Il semblait que déjà s'établît entre les deux jeunes artistes ce juste équilibre, ce fondu de talents et de vérité scénique qui, dès lors maintes fois admiré, devait, six ans plus tard, aboutir à une union plus réelle.

L'œuvre d'Ambroise Thomas y prêtait d'ailleurs mieux que celle où Faure s'était rencontré pour la première fois, sur la scène, avec sa camarade : *Haydée*, dont une reprise solennelle eut lieu le 5 juillet, pour la réouverture du théâtre après restauration complète et devant un public officiel. Si Caroline Lefebvre tenait le beau rôle d'Haydée, fait de grâce et de distinction, Faure avait dû prendre celui du traître Malipieri, qui ne porte que par un caractère d'âpreté farouche et mobile, avec lequel l'ampleur de sa voix si égale, la noblesse instinctive de son jeu, étaient comme en opposition naturelle.

Il n'y a pas lieu de s'arrêter non plus à l'interprétation du moine Borromée, dans *Marco Spada*, un opéra-comique passablement bizarre de Scribe, dont Auber avait écrit la musique et qui avait vu la rampe à la fin de l'année passée. Ce rôle, secondaire mais bien chantant, onctueux en quelque sorte, avait eu d'abord Bussine pour titulaire.

Pour *le Chalet*, et le rôle du sergent Max, c'est autre chose. Bluette, si l'on veut, le petit acte d'Adam porte toujours s'il est bien chanté, et le personnage du baryton, plus distingué que celui du tambour-major du *Caïd*, est particulièrement propre à mettre en valeur des qualités de comédien en même temps que de virtuose. Faure aimait beaucoup en évoquer l'apparente fatuité, la narquoise ironie ; sa belle voix se donnait carrière avec joie dans le grand air : « Arrêtons-nous ici... » et se faisait mordante et légère tour à tour, dans l'amusant duo : « Il faut me céder ta maîtresse ! » L'ouvrage, qui avait été un peu délaissé l'année précédente, en reprit soudain le plus brillant regain de succès.

L'année suivante, 1854, fut marquée, pour Faure, de trois reprises intéressantes, où, comme d'habitude, il trouvait sa chance dans l'abstention de Bataille, son chef d'emploi.

D'abord *le Songe d'une Nuit d'été*, d'Ambroise Thomas, où, à côté de Mlle Lefebvre et de Couderc, créateurs des rôles d'Élisabeth et de Shakespeare, Faure incarna le copieux Falstaff. Son succès fut complet. « Une habileté consommée », une voix moëlleuse et expressive, un jeu plein de verve, « il n'en fallait pas moins pour ne pas inspirer de regrets », car c'était un des meilleurs rôles de Bataille. L'œuvre n'est pas encore assez disparue des répertoires lyriques pour que nous ne puissions nous rendre compte qu'elle devait, en effet, faire valoir quelques-unes de ses meilleures qualités de chanteur et de comédien. Il faut à l'un de la légèreté rythmique de basse bouffe, mettant chaque note en pleine rondeur sonore ; il faut à l'autre du franc comique, mais du goût, un soupçon de ridicule, mais qui ne laisse pas oublier que sir John est gentilhomme.

Faure excellait déjà dans ces nuances, si naturelles à son tempérament.

Un peu plus tard, ce fut une nouvelle reprise de *Marco Spada*, mais, cette fois, Bussine reprenant son rôle et Faure assumant celui du principal personnage : le baron de Torrida, autrement dit, Marco lui-même. Chef de bande et grand seigneur, douceur paternelle et bravoure tragique, ces contrastes étaient pour lui plaire et le servaient à merveille. Une fois de plus, une réelle autorité donnait à son interprétation un caractère original ; une fois de plus, on sentait que cet artiste de vingt-trois ans était né pour les premiers rôles.

L'Étoile du Nord devait le montrer mieux encore. Il s'agissait du tsar Pierre en personne, autrement dit Peters, et Meyerbeer, qui avait distingué le jeune interprète et s'était rendu compte par lui-même des services qu'il en pouvait attendre, n'avait pas hésité, à son intention, à apporter quelques modifications au rôle. En sorte qu'après avoir appris et répété celui-ci sous les yeux du maître, Faure en donna au public un peu comme une seconde version. Émule de Bataille, et sans rien changer au caractère du personnage, il en variait assez les effets, soit par son jeu, soit par sa voix et son style, pour que les auditeurs eussent plaisir à voir les deux interprètes alterner leurs talents. Et c'est bien ce qui arriva dès lors, jusqu'à la retraite du plus ancien.

Le triomphe de ce superficiel mais brillant ouvrage justifiait amplement cette dualité. Son éclat était sans précédent à l'Opéra-Comique. Depuis le 16 février de cette année, où il avait vu pour la première fois la scène, il ne quittait pour ainsi dire pas l'affiche, et le chiffre de 164 représentations de suite fut atteint, en deux ans seulement ! Un attrait particulier s'en dégageait, au surplus : la nouveauté du genre. C'était, on l'a dit, la première partition qui élargît à ce point le cadre traditionnel de ce théâtre et préparât les voies à un genre plus analogue à celui de l'opéra ou du drame lyrique actuel.

Tous les personnages, si étranges soient-ils, mais celui du tsar-charpentier en particulier, ont un relief extraordinaire ; chacun d'eux a son caractère bien net ; ils vivent. Ils exigent donc beaucoup de l'interprète. Peters doit garder sa fierté dans la vulgarité voulue de sa condition ou la brutalité de ses manières, son énergique décision dans les moments où l'amour le touche... Faure sut très habilement, très ingénieusement, souligner ces nuances. Plus que jamais sa voix parut belle, et souple, et sympathique ; on remarqua d'ailleurs que la sonorité de son timbre prenait plus de fondu, rendait moins sensible l'extrême vibration qui en marquait l'émission... J'ai déjà dit que c'était son défaut habituel ; toute sa vie, il dut un peu lutter avec lui ; mais comme il le mâtait, en quelque sorte ! Comme il en tirait parti pour le mordant de son articulation, l'autorité de son chant !

Son succès, tout de suite très grand, ne fit que s'affirmer de soir en soir. On souligna surtout sa scène avec Catherine, au premier acte, lorsqu'il se laisse gagner par la foi et l'enthousiasme de celle-ci ; le brio avec lequel il enlevait les scènes d'ivresse du camp..., l'énergie et la noblesse qui lui dictaient, aussitôt après, son appel à la fidélité des troupes, au nom de la patrie en danger..., l'ampleur enfin de sa diction, dominant les complexes ensembles de ce finale du second acte... ; au troisième, le tour achevé qu'il donnait à la romance passionnée du début, où il évoque en vain Catherine disparue : « Ah ! reviens !... reviens ! et rends-moi le bonheur ! »

Deux petites « créations » suivirent cette belle reprise : *Le Chien du jardinier*, de Grisar, et *Jenny Bell*, d'Auber. Avec la gracieuse partition de Grisar, en un acte, donnée le 16 janvier 1855, Faure abordait un genre nouveau pour lui, mais qu'avaient consacré les petits chefs-d'œuvre de l'ancien opéra-comique : la comédie villageoise. Œuvre de Lockroy et Cormon, celle-ci était gaie et spirituelle, et prêtait tout à fait à la musique, elle-même pleine de verve légère. Elle met en scène une fermière coquette et capricieuse, aimée du riche paysan Justin, mais qui, trop sûre de lui, fait des façons avant de se décider. En attendant, elle trouve mauvais que son valet aime une cousine à elle, et en soit aimé : elle veut savoir comment il s'y est pris, et prétend elle-même lui tourner la tête. Elle y réussit sans peine, à l'indignation de la jeune Marcelle. Mais Justin ne s'y est pas laissé prendre : c'est le chien du jardinier, déclare-t-il : il ne veut pas manger sa soupe, mais il prétend que personne ne mange. — Et il courtise à son tour la délaissée... Désaccord général, qui s'arrange bientôt au gré de chacun.

Faure, dans le rôle de Justin, avait une partie intéressante, puisqu'il menait la pièce en quelque sorte. Il s'y montra aussi bon comédien que parfait chanteur. Il savait garder la rondeur et la cordialité paysannes, tout en laissant deviner la finesse de son jugement. On sentait l'arrière-pensée dans sa façon gaie et sans malice de dire les couplets rythmiques : « Le chien du jardinier est un chien bien particulier. » On la devinait encore, et plus profonde, dans le trio où il rapprochait l'un de l'autre les deux ingénus par de douces paroles. Ces couplets : « Il n'est pas dans tout le village... » sont bien un peu sérieux ; on sent un peu trop que le musicien a pensé à l'artiste et à la perfection de son chant. Mais la preuve que cette sorte de romance, successivement adressée à chacun des deux amoureux, n'était pas un hors-d'œuvre, c'est que ceux-ci en sont tout émus et s'écrient à travers leurs larmes : « Vous parlez mieux que notre sacristain ! »

Du reste, Fiorentino, qui trouvait déplacée cette page, n'en rendait pas moins justice au goût de l'artiste, et déclarait que l'ensemble du personnage était des mieux rendu ; que, « sous la rude écorce du paysan aisé et content de lui-même, on voyait souvent percer un point de sensibilité et de mélancolie ravissante ».

Il nous reste une intéressante photographie de Faure dans ce rôle de Justin : figure imberbe sous un énorme chapeau haut de forme à ramages, gilet rayé, large cravate blanche, habit ouvert, culotte de velours et bottes, il est debout, la main gauche sur la hanche, et croise les jambes en s'appuyant nonchalamment sur sa makila.

Dans *Jenny Bell* (de Scribe), il eut au contraire à incarner un très grand seigneur et un rôle de père : le duc de Greenwich, premier ministre d'Angleterre, dont le fils, Mortimer, est épris de la prima donna Jenny Bell. C'est un peu la situation de *la Dame aux camélias*, à ceci près : que Jenny (qui est d'ailleurs irréprochable) doit tout au noble lord, lequel l'a jadis, enfant, tirée de misère et fait élever ; que, lorsqu'il lui a demandé de se refuser à cet amour, c'est d'elle-même qu'elle imagine de dégoûter Mortimer en feignant des sentiments bas et vils ; qu'enfin, ému du désespoir de l'un, de la vertu de l'autre, il finit par les marier tous deux.

Le rôle avait, en somme, le caractère qui convenait le mieux au tempérament concentré et noble de notre artiste. Auber n'avait pas manqué de lui ménager quelques couplets à bien dire. Son succès personnel, sinon celui de l'œuvre, qui ne put se maintenir longtemps et n'a jamais été reprise, fut très vif et mérite qu'on en garde le souvenir. Faure avait ici, en quelque sorte, surpris un secret de plus : celui de toucher non seulement par le jeu mais par la voix même. C'est l'École italienne qui le lui avait enseigné, Que d'artistes célèbres n'ont dû leur succès qu'à ce don admirable ! Mme Viardot nous contait que lorsqu'elle était en scène avec Rubini, impassible, immobile pourtant, les larmes la suffoquaient au point de lui faire craindre pour sa réplique.

Mais Faure ne se contentait pas de chanter en émule de ces maîtres : son personnage était composé. Lord Greenwich doit d'abord demander un sacrifice à sa protégée, puis la consoler, la soutenir, enfin la défendre et l'honorer. Il est grand seigneur et il est paternel. Faure, en dépit de son âge, sut montrer une maturité de pensée et de geste des plus pénétrantes. Et Fiorentino ajoute : « Sa voix, d'un timbre admirable et d'une douceur extrême, a profondément ému l'auditoire. »

A ce moment, Bataille avait repris son rôle dans *l'Étoile du Nord* ; mais le succès de l'œuvre de Meyerbeer ne souffrait pas une interruption, et ce n'est pas sans raison qu'on lui avait ménagé deux titulaires. Faure dut plus d'une fois remplacer à l'improviste son chef d'emploi, indisposé. Une preuve de son énergie et de son adresse nous est donnée, quelques jours après, par le même critique du *Moniteur :*

Faure, (dit-il), est constamment sur la brèche. Il venait de chanter coup sur coup *le Chien du Jardinier*, *Haydée* et je ne sais quel autre ouvrage où on ne pouvait absolument se passer de lui ; il était fatigué, souffrant, à bout de force et d'haleine ; mais pour ne pas faire manquer un spectacle attendu avec une si vive impatience, il a consenti à jouer. On n'a pas fait d'annonce et le jeune et consciencieux artiste a si bien payé de sa personne et de sa voix que nul ne se serait douté de son malaise.

Cette même année 1855, Faure prit part encore à l'exécution de deux partitions nouvelles, deux cantates d'un genre très différent. L'une, au mois de juillet, était l'œuvre de l'un des candidats au prix de Rome de musique : Victor Chéri. Elle avait pour titre *Acis et Galathée* et Camille du Locle en avait écrit les paroles. Selon l'usage, elle comportait trois rôles : soprano, ténor, baryton. Ce dernier était naturellement dévolu à Polyphème, le cruel cyclope qui, dans sa jalousie, tue Acis, son trop heureux rival. Chéri, qui n'obtint que le second prix, n'a laissé de souvenir que comme chef d'orchestre, mais il est juste d'ajouter que son camarade Jean Conte, pour avoir été à Rome, ne fit pas une plus belle carrière.

L'autre cantate, qui date du mois de septembre, fut écrite par Michel Carré et mise en musique par Adam, pour célébrer la prise de Sébastopol. Presque chaque théâtre de Paris avait tenu à exécuter la sienne. Celle-ci, qui comportait quatre voix d'hommes, fut chantée à l'Opéra-Comique et au Théâtre-Lyrique. Elle avait nom : *Victoire !* et avait été improvisée en quelques heures. Un vif succès répondit à ce bel effort, car, treize jours de suite, l'œuvre dut être donnée en complément de spectacle.

La *Manon Lescaut* d'Auber (le 24 février 1856) apporta à Faure l'un de ses premiers grands succès. C'est une assez sotte chose que l'arrangement qu'a fait Scribe du célèbre roman de l'abbé Prévost, mais il prêtait à la musique, c'est incontestable, et l'on peut s'étonner qu'après un succès immédiat assez vif, il n'ait pas plus été repris que *Jenny Bell*.

Pour nous faire connaître l'histoire de Manon, Scribe n'a rien trouvé de mieux que d'imaginer un nouveau personnage : le marquis d'Hérigny, jeune et passionné colonel, qui, ayant aperçu la jolie ouvrière, lance sur sa piste un sergent sans scrupule, Lescaut, et ne tarde pas à être renseigné sur le passé de Manon, son arrivée à Paris et ses amours présentes avec Des Grieux. Pour lui amener sa cousine, Lescaut s'arrange de manière que les deux amants, après avoir organisé une fête au Cadran bleu, se trouvent soudain sans un sou pour en payer les frais. La seule ressource qui reste à Des Grieux, c'est de s'engager comme soldat, afin de toucher la prime. Le marquis a dès lors beau jeu pour mettre son rival aux arrêts et amener Manon à demander grâce pour lui. C'est ce qu'elle fait. Mais Des Grieux, soudain, s'étant échappé, fait irruption, provoque le marquis, le frappe et le laisse pour mort !... Après quoi, nous sommes, sans transition, transportés à la Louisiane, où à la suite de nouvelles péripéties bizarres, nous assistons à la mort de Manon.

Faure incarnait le beau marquis. S'il ne paraissait que dans deux actes, quelques-unes des plus jolies pages de la partition lui étaient attribuées, et il pouvait, sans contrainte, se laisser aller à son goût naturel d'élégance et de charme. Les couplets : « Manon est frivole et légère » et le duo qui suit, entre le marquis et Manon, sont empreints d'une tendresse émue et séduisante qu'il faisait valoir à ravir ; et, dans sa conclusion : « Je veux qu'ici vous soyez reine ! » il pouvait à la fois prêter à sa phrase cette ampleur et cette dignité qui lui seront si caractéristiques, et y mêler des ornements dont la souplesse et la sûreté ne laissaient rien à désirer..., même à côté de Marie Cabel, virtuose étourdissante de hardiesse et de grâce.

Une jolie photographie nous a perpétué son aspect dans ce rôle. Elle a été prise au moment où le marquis est contraint, par Des Grieux, à tirer l'épée. Imberbe, bien entendu, et perruque poudrée, le geste vif, le regard assuré, il paraît seulement un peu trop jeune.

Cette année encore, Faure prêta son concours à l'un des candidats au Prix de Rome ; sans que d'ailleurs la cantate de celui-ci eût plus de bonheur que celle de Chéri. Elle avait pour sujet *David*, et cet épisode où le jeune berger, inspiré, calme de ses chants les fureurs de Saül. L'auteur était un certain Lacheurié, élève d'Halévy, qui n'a jamais fait parler de lui. Il obtint le second grand prix en partage avec Bizet, lequel avait paru trop jeune (17 ans !) et que l'on remit à l'année suivante. Dans l'exécution de cette cantate, Faure représentait le personnage du Roi.

D'autres occasions lui furent données de se faire apprécier en dehors de son théâtre. Les journaux du temps nous le signalent ainsi, chantant, avec Marietta Alboni, la charmante scène de Rosine et Figaro au second acte du *Barbier de Séville* (et c'est là sans doute son premier essai de chant italien) ; elle était intercalée dans *le Concert de la Cour*, d'Auber, joué chez le Préfet de la Seine, Haussmann. Ou bien, c'est la princesse Mathilde qui l'avait mandé pour un de ses concerts, dirigé par Pasdeloup ; ou le Dr Wertheim, dilettante et thérapeute, pour une fête cosmopolite en son château d'Issy.

Un incident, un procès même, marque l'été de cette année. Ce ne sera pas le dernier dans la carrière de notre chanteur, toujours très entier dans les questions où sa dignité d'artiste, autant que le souci de la santé de sa voix, se trouvaient en jeu à ses yeux. Certain dimanche du mois d'août, sur l'affiche de l'Opéra-Comique, qui annonçait *le Caïd*, le public put lire une large bande avec ces mots écrits : « Relâche pour cause de refus de service de M. Faure. » Le procédé était vif, quelle qu'en fût la cause.

Il est si facile à un artiste de se déclarer souffrant, qu'on aurait dû reconnaître sa loyauté à ne pas invoquer ce prétexte, et ne pas traiter son refus de caprice. C'était donner beau jeu à l'artiste qui répliqua par un procès, et tint à en faire juge le public, comme nous le révèle la lettre suivante adressée par lui au directeur du *Figaro* :

... Après avoir joué *quatre fois* la semaine dernière, du lundi au samedi, des rôles écrits dans des registres aussi différents que ceux du *Caïd*, du *Chien du Jardinier* et de *Manon Lescaut*, j'ai cru devoir, pour cause de fatigue et dans la crainte de me déplacer la voix, en chantant un jour un rôle très grave et le lendemain un autre très élevé, faire connaître l'impossibilité dans laquelle je me trouvais de jouer dimanche *le Caïd*... Malgré toutes mes observations, M. Perrin s'obstina à maintenir l'affiche... J'ai dû déférer l'appréciation de ce fait et de mon droit au tribunal de commerce...

Celui-ci, en fin de compte, n'eut pas à se prononcer, car une conciliation intervint, à temps, entre le directeur et son pensionnaire, et chacun d'eux retira sa plainte.

Comme gage de paix, on annonça, presque en même temps, une reprise de *l'Étoile du Nord* ; mais, cette fois, une indisposition réelle empêcha Faure de paraître et Bataille dut lui rendre le service qu'il en avait reçu naguère, en reprenant à l'improviste son personnage de Peters. Un nouvel ouvrage, en répétitions, en fut retardé d'autant : *le Sylphe*, de Clapisson.

Il venait de Bade, où il avait été offert en primeur, l'été de cette même année. Emprunté, par Saint-Georges, à un « conte moral » de Marmontel : le Mari sylphe, ce petit opéra-comique en deux actes nous peint la double évolution d'un nouveau ménage, où la femme, jeune, crédule, délicate, a pris d'instinct son mari en aversion (c'est un marin, qu'elle trouve brutal), et où celui-ci, devinant qu'il ne pourra la reconquérir qu'en frappant son imagination, s'avise de se faire mystérieusement ouïr d'elle comme un sylphe familier, invisible, tendre et consolateur...

Le sujet parut monotone et la partition inégale. Mais il n'y eut qu'une voix pour porter aux nues l'interprétation, et l'œuvre lui dut tout son succès. Mme Van den Heuvel, la fille de Duprez, s'y montrait exquise de finesse et de virtuosité délicate ; et quant à Faure, il surprit les plus prévenus par un art encore en progrès et qui ne craignait pas de se plier à un vrai tour de force. Le rôle du marquis de Valbreuse, en effet, était écrit pour ténor : on se rendait compte, cependant, qu'il prendrait beaucoup plus de caractère avec une voix grave. Faure eut l'ingénieuse idée de souligner par la voix même le double jeu du personnage, en réservant son timbre grave aux scènes du mari et à ses brusqueries voulues de loup de mer, tandis qu'il dotait le sylphe chimérique de vraies notes de ténor, pleines de douceur et de caresses. On ne pouvait servir l'œuvre musicale avec plus de bonheur, et la façon inattendue avec laquelle l'artiste avait tourné la difficulté fut aussi admirée que sa virtúosité même. Se faire passer pour sylphe sans ridicule, et, au contraire, avec un charme de plus, c'était un triomphe. Le reproche lui avait été adressé parfois, déjà, de « ténoriser » trop volontiers, mais il fallut convenir que le parti se justifiait ici d'une séduction opportune.

Cet art singulier de se dédoubler en quelque sorte, de faire entendre comme deux voix différentes de timbre et de caractère, Faure en usa toujours avec discrétion ; mais il lui dut, à plusieurs reprises, des effets d'une éloquence admirable, et pas seulement au service d'une bagatelle comme *le Sylphe*. Aussi bien, quel que fût le cas, l'émission avait toujours tant de franchise, de plénitude et d'aisance, que l'auditeur ne songeait ni à un « procédé », ni à un « tour de force ».

Il faut avouer (écrivait un critique de la *Revue et Gazette musicale*) que la nature a été bien généreuse envers lui ; car il n'y a pas de Conservatoire au monde qui puisse donner cette sonorité d'orgue, cette richesse de timbre et cette facilité d'intonation. L'air du sylphe, de la fin du premier acte, a dévoilé chez ce jeune chanteur des qualités nouvelles dont le terme de comparaison ne se rencontre que dans le souvenir de Martin. C'est le même charme et la même étendue dans la voix.

Sa voix (disait un autre, G. Héquet dans *l'Illustration*) est sonore, brillante, énergique. Il phrase et vocalise à merveille. Il nuance, il colore, il a du style et de l'expression. Et *il ne crie jamais !* N'est-ce pas un homme rare ?

Les autorités compétentes en jugèrent sans doute ainsi. Une sanction officielle vint, quelques semaines plus tard, consacrer cette jeune et « rare » maîtrise, et personne ne songea à s'en étonner. Ponchard, dont, comme on l'a vu, il avait été l'élève, ayant pris sa retraite, c'est Faure qui fut nommé, à sa place, professeur de chant au Conservatoire : il n'avait pas tout à fait vingt-six ans ! (Décembre 1856.)

Cet honneur le flatta, sans doute, mais sans le charmer beaucoup. Jamais il n'eut de goût pour enseigner. Plus tard, nous le verrons s'y refuser toujours. En 1857, et jusqu'en 1860, où il reprit sa liberté, la médiocrité de sa classe n'était d'ailleurs pas faite pour l'encourager. Un seul de ses élèves, Troy aîné, se montra, aux concours d'abord, puis à l'Opéra-Comique, vraiment digne de son maître.

Celui-ci, en se retrouvant parmi ses camarades de la veille, n'hésita pas à leur prêter son concours dans leurs exercices. Ils formaient alors une société, dite des *Jeunes artistes* du Conservatoire, distincte de celle *des Concerts* mais qui en rappelait l'origine, et qui donnait, elle aussi, des séances. C'est en 1851 qu'elle s'était fondée, sous la direction de Pasdeloup, et ses exécutions avaient lieu à la Salle Herz : telle est l'origine des fameux *Concerts populaires*, inaugurés, dix ans plus tard, au Cirque d'hiver. Leurs programmes étaient jeunes et hardis comme eux-mêmes, soit qu'ils fissent entendre, les premiers, des pages étrangères et aussi « avancées » que les symphonies de Schumann, soit qu'ils prêtassent leur concours aux œuvres inédites de notre école. Ils avaient joué ainsi successivement, deux symphonies de Gounod et, dans la séance où Faure parut, ils en firent applaudir une de Saint-Saëns, alors âgé de vingt et un ans.

Faure chanta la romance d'*Ariodant*, de Méhul, qu'on ne connaissait plus guère que par les adaptations de vaudevilles : « Femme sensible, entends-tu le ramage... ? » Il la dit (nous rapporte un critique) « avec tant de charme et un goût si parfait que la salle entière a éclaté en transports d'enthousiasme et en cris de *bis* ». Il se fit entendre également, avec un grand effet, dans le finale d'*Ernani*, de Verdi, c'est-à-dire la grande scène de Charles-Quint, d'une ampleur lyrique superbe.

Une autre séance lui donna l'occasion de chanter la prière de *Moïse* et tout le finale de cet opéra ; une autre, mais dans l'église de la Madeleine, le *Requiem* de Mozart (il n'y eut pas moins de quatre exécutions) ; une autre encore, une cantate d'Édouard de Hartog, avec chœurs et orchestre : *Hymne au Soleil*, où l'on apprécia de la grandeur et du charme.

Le Sylphe avait fait comparer Faure à Martin. Bien que le rapprochement de ces deux voix fût en réalité impossible, l'une étant essentiellement basse-chantante, l'autre aussi naturellement près du ténor que du baryton, il y avait là une indication pour tenter de rendre vie à certains rôles dont l'exécution avait dû être abandonnée. De ce nombre était *Joconde* de Nicolo. Mais qu'on y eût seulement pensé pour Faure prouve à quel point on était arrivé à la conviction que de lui on pouvait tout attendre.

Non seulement il ne trompa point d'aussi flatteuses espérances, mais il les dépassa. — Pas tout de suite, à dire vrai. D'abord, il voulut, autant que possible, chanter le rôle tel qu'il est écrit, et s'en tira par la douceur et le charme, mais non sans une certaine gêne ; on sentait encore un peu le tour de force. Bientôt, il transposa adroitement, sans leur rien ôter de leur couleur, les passages trop haut perchés ; sa voix, « toujours admirable, souple, étendue, sympathique, homogène », en prit plus de brio et d'éclat ; son jeu, d'autant plus à l'aise, y gagna en autorité... Bref, *Joconde* devint un des plus retentissants succès de sa carrière, et des plus prolongés : grâce à lui, la reprise de l'œuvre atteignit près de 100 représentations en deux ans ! On ne se lassait pas d'admirer sa désinvolture élégante et de haut style, sa façon de comprendre le rôle, personnelle, originale, d'une variété et d'une aisance comme *vécue ;* on ne se lassait pas de l'entendre détailler l'air célèbre : « J'ai longtemps parcouru le monde » et soupirer, avec une grâce incomparable, la non moins fameuse romance : « Dans un délire extrême... » Le goût, le sentiment, l'esprit aussi, car il en faut dans les ensembles et mainte scène très mouvementée de cette piquante comédie, tout attirait, tout charmait. Certains critiques lui reprochèrent bien de ne pas dédaigner les effets de fioritures, les traits de virtuose ; mais quoi ? Martin lui-même en avait légué la tradition, et le caractère du personnage donnait une sorte de sens particulier à ces agréments. Ce « coureur d'aventures » en quête de bonnes fortunes ne saurait s'exprimer sans chercher à séduire...

Le rôle de Jeannette était joué par Mlle Lefebvre, avec une grâce et un esprit délicieux, et son succès ne fut pas moindre que celui de son camarade. Aussi bien, de plus en plus, on les entendait ensemble, et leurs talents paraissaient en complément l'un de l'autre. C'est avec elle, — après une reprise d'*Haydée* et une nouvelle série de représentations de *l'Étoile du Nord*, — que Faure accepta, à la fin d'août, de partir pour Bade.

La *saison* de Bade ou pour mieux dire Baden-Baden, qui s'ouvrait chaque année au cœur de l'été, était la plus brillante de celles des villes d'eau et de jeu d'Europe, à cause de la société qui s'y donnait rendez-vous. Les représentations ou les concerts devant « un parterre de rois » n'étaient pas rares. Les maîtres de l'art s'y rencontraient avec les maîtres du monde; écrivains et artistes y étaient sûrs de la plus flatteuse réception comme des plus intéressantes rencontres. C'était une sorte de salon international, sans étiquette, sans contrainte.

Le directeur Bénazet présidait aux exécutions du théâtre et de la salle de concerts. Pour l'un comme pour l'autre, sans oublier les séances de musique de chambre, les premiers artistes du monde musical étaient dès longtemps conviés ; de plus, quelque œuvre inédite était représentée en primeur et l'auteur venait lui-même donner ses soins à son étude. C'est ainsi que Berlioz (en attendant d'apporter sa comédie lyrique *Béatrice et Bénédict*) y dirigeait chaque année un grand concert de ses œuvres. C'est ainsi que, l'an passé, *le Sylphe* avait été offert aux habitués du théâtre.

Lorsque Faure et Caroline Lefebvre arrivèrent, Sivori et Servais, Louise Mattmann, Marie Cabel... venaient de se faire entendre. Nos deux artistes étaient annoncés sur le programme du festival organisé par Berlioz au profit de l'hôpital. L'un chanta le finale d'*Ernani*, qui était, cette année, comme son cheval de bataille, l'autre le *Voi che sapete* de Chérubin dans les *Noces de Figaro*, et tous deux unirent leurs talents pour le duo de Figaro et Rosine dans *le Barbier de Séville*.

Mais ils devaient aussi créer, avec quelques-uns de leurs camarades de Paris, un opéra-comique nouveau, de Victor Massé (qui était venu pour les répétitions) : *le Cousin de Marivaux*. L'œuvre, écrite par Léon Battu et Ludovic Halévy, comportait deux actes et cinq personnages. Elle parut « spirituellement tournée », nous dit le correspondant anonyme de la *Revue et Gazette musicale*. Mais, comme il n'en parle pas davantage, sous prétexte qu'elle ne tardera pas à être donnée à Paris, et comme, en réalité, elle ne fut plus représentée nulle part, qu'elle est même, probablement, restée inédite, il n'est pas interdit de conclure que le succès avait été mince. On a toujours reproché à Massé d'écrire trop vite, et ce défaut, qui a nui à nombre de ses œuvres, était probablement le principal de cette improvisation sur commande.

Faure et Mlle Lefebvre, rentrés à Paris, reparurent aussitôt dans *Joconde*, dont la vogue rebondit de plus belle. *L'Étoile du Nord* en fit autant. En dehors de ces deux œuvres, dont l'alternance continuelle était, pour le coup, une manière de tour de force tant y était grand le contraste vocal, Faure ne se fit guère entendre que dans quelques concerts, chez la princesse Mathilde, par exemple, ou à l'église : tel, à Saint-Eugène, aux obsèques de Léon Battu, un *Pie Jesu* de Gevaert, à trois voix, composé tout exprès ; tels, au collège

Chaptal, une messe de Deffès et, à Notre-Dame-de-Lorette, aux obsèques du fameux musicographe Castil-Blaze, divers motets de Jules Cohen.

A ce début de l'année 1858, Mme Ugalde ayant organisé, à l'Opéra-Comique, une représentation à son bénéfice, et ayant mis au programme *Galathée* et *le Caïd*, Faure se rencontra près d'elle dans les personnages de Pygmalion et du Tambour-major. C'était à la veille de la création d'une œuvre écrite par Gevaert sur un poème de Cormon et Michel Carré : *Quentin Durward*, qui, si elle ne s'est pas maintenue, eut pourtant un beau succès de nouveauté.

On connaît le célèbre roman de Walter Scott : le scenario en était fidèlement tiré. Trop fidèlement, même, si l'on en croit les critiques, aux yeux de qui parut trop grave et peu intéressante la « politique musicale » des second et troisième actes, où évoluent les ruses de Louis XI pour maintenir Isabelle de Croy parmi ses sujettes. C'est à contrecarrer ces mesures sournoises que s'emploie l'ambassadeur du duc de Bourgogne, le comte de Crèvecœur ; et c'est ce noble, fier et généreux personnage qu'incarnait Faure. Les avis paraissent avoir été partagés sur l'intérêt musical qu'il offrait. Les uns déclarent que c'était lui faire trop d'honneur que le confier à un pareil artiste ; les autres y voient un des rôles essentiels de l'œuvre. De fait, une fois en scène, il ne la quitte guère ; récit d'ambassadeur, romance, duo avec Isabelle, défi au Roi, scène dramatique entre lui et son jeune rival Quentin, autant de pages qu'il fallait une véritable autorité pour soutenir. Voici l'opinion de Fiorentino (*Moniteur*, 28 mars) :

Faure n'entre qu'au second acte, mais il joue un des personnages les plus importants et les plus sympathiques de la pièce et du roman ; sa tournure est plus dégagée, plus distinguée que d'habitude, et il porte avec beaucoup d'aisance et de fierté l'armure et le casque, qui rendent la plupart des comédiens très empêtrés sur la scène et très ridicules. Il a chanté parfaitement sa romance (elle est charmante, et l'artiste la dit avec un goût parfait et une admirable simplicité) et son air à boire. Et s'il a paru faiblir par moments, soit dans le défi, soit dans le duo avec Isabelle, c'est que, d'une part, ces morceaux n'étaient

Le Chien du jardinier, rôle de Justin.

Les Noces de Figaro, rôle de Figaro.

point ce qu'il y a de meilleur dans l'ouvrage, et que, de l'autre, on s'obstine à le faire monter plus haut qu'un ténor. Il n'y a point de voix qui tienne à des efforts pareils, et si quelque chose nous étonne, c'est que Faure y ait pu résister.

En somme, *Quentin Durward* n'obtint pas moins de 52 représentations en cette même année, depuis le 25 mars, soir de la première. C'est un assez beau chiffre, qui grossit encore un peu l'année suivante. Entre cette œuvre, *Joconde* et *l'Étoile du Nord*, Faure eut de quoi bien remplir son année. Aussi ne trouve-t-on guère à signaler d'autres succès pour lui que dans quelques concerts. C'est ainsi qu'on l'entendit, au cours d'une grande séance donnée par Henri Litolff, dans des *Scènes de Faust* que le compositeur-virtuose n'avait encore fait exécuter qu'en Allemagne. C'est ainsi qu'à une soirée organisée par *le Figaro* à l'Hôtel du Louvre, ce numéro sensationnel fut présenté : le trio de *Guillaume Tell* chanté par Tamberlick, Faure et Obin. Ou bien, c'est un concert donné aux Italiens pour une œuvre de bienfaisance, où l'on exécute la « bénédiction des drapeaux » du *Siège de Corinthe*, Faure étant secondé par l'orchestre et les chœurs (« Qu'à ma voix la victoire s'arrête !... » C'est un des airs qu'il chantera le plus volontiers dans toute sa carrière), et, par opposition, le trio du *Toréador*, où il tient la partie de Don Belflor, entre Marie Cabel et Jourdan.

Un peu plus tard, à l'époque de son congé, en septembre, le voici à Boulogne-sur-Mer, appelé par la Société philharmonique. Il s'y fait entendre dans *le Châlet*, *Joconde* et le *Noël* d'Adam, auquel il sut toujours donner tant de caractère. Aussi à Blois, dans une fête pour les pauvres organisée par Villemessant à la Salle des États : c'est à Duprez, cette fois qu'il donne la réplique dans le duo de *la Reine de Chypre*... On l'applaudit enfin à Arras, à l'occasion de la fête communale, et à Bordeaux, avec les mêmes airs qu'à Boulogne.

Dès sa rentrée à l'Opéra-Comique (dans *Joconde*, encore), on commença de parler dans les journaux d'une partition nouvelle de Meyerbeer qui entrait en répétition sous le titre de *Dinorah* et dont « le caractère tout à fait original » promettait de surprendre. L'œuvre était de Jules Barbier et Michel Carré, se passait en Bretagne, et gardait dans toutes ses scènes une couleur locale d'un pittoresque particulièrement accentué. C'est pour cette raison, sans doute, mais aussi à cause de la note religieuse que le musicien, après maints remaniements, avait soulignée dès l'ouverture et comme conclusion de son œuvre, que le titre, au dernier moment (mais en France seulement) se mua en celui du *Pardon de Ploërmel.*

Il n'y faut pas chercher une grande élévation de style, ni une étude de caractères, mais c'est une charmante pastorale, empreinte d'une grâce aimable et facile, avec des parties d'un comique très réussi, sans charge, des pages dramatiques et d'un sentiment sincère, des impressions, enfin, très heureusement pittoresques. Ce n'est pas par des effets d'éclat et de brio, mais par une expression juste, dans la verve ou dans l'émotion, que vaut cette intéressante partition. Si la virtuosité musicale de Dinorah est comme la spontanéité naturelle de son humeur folle, de sa joie d'enfant, la chaude couleur, l'assurance de ton, la somptuosité des scènes ou des mélodies d'Hoël ne sont pas moins nécessaires pour caractériser l'ambition du chercheur de trésors et la sincérité, pourtant, de son amour. Tantôt gai et caustique par calcul, comme dans les scènes où il s'efforce d'embaucher Corentin : « Un trésor, un trésor !... » et plus tard : « Quand l'heure sonnera... » ; — tantôt emporté, aveuglé par la vision de cet or qui lui permettrait de conquérir celle qu'il aime, comme dans l'air : « O puissante magie ! » ou le sombre trio de l'orage ; — tantôt simplement sincère, plein de tendresse et de passion, lorsqu'il a reconnu Dinorah, lorsqu'il l'a sauvée et s'efforce de la ramener à la raison..., et exultant enfin, quand, reconquise, il se mêle, avec elle, à la procession du Pardon..., Hoël est bien le centre de tout le drame. Et c'est assez dire que Faure pouvait y donner sa mesure, avec une ampleur et une variété encore sans précédents. Aussi nul rôle, à l'étudier de près dans la partition, ne rappelle où ne révèle mieux la souplesse des ressources dont il disposait comme chanteur et comme comédien.

Le grand air : « O puissante magie ! » est un modèle du genre. L'énergie y a tantôt l'exaltation de la foi, tantôt la fièvre de l'ambition, mais elle se fond dans une tendresse qui la relève et l'ennoblit. Le passage : « Ces trésors, ô ma fiancée... » était dit par l'artiste avec une suavité indicible, qui n'en faisait que mieux valoir le mordant de l'allegro : « De l'or ! de l'or ! » et les vocalises éperdues de la fin. Il y a moins de sincérité et plus d'ironie dans les scènes avec Corentin, dont le rythme est même bouffe : « Disparaissez, vaines ombres... » — « Un trésor ! bois encor !... » Mais le caractère d'Hoël reprend toute sa force tourmentée dans celles de l'orage, lorsqu'il se voit deviné : « Quand l'heure sonnera... », et au moment où Dinorah lui apparaît pour la première fois sans qu'il la reconnaisse. Fureur, détresse, angoisse, et cette phrase si largement déclamée : « Infernal mensonge qui fuit dans la nuit !... » Faure, à tous ces sentiments combattus, donnait un relief superbe et incomparable.

Au troisième acte, le rêve ambitieux et criminel s'est envolé. Hoël est redevenu ce qu'il était jadis, avec autant de passion, mais affinée par la sincérité du repentir et du dévouement. Aussi, rien de plus tendre et pénétré que ses couplets : « Ah ! mon remords te venge ! », sinon toute la scène qui suit, où, sous la caresse délicate et prudente des souvenirs évoqués, Dinorah, peu à peu retrouve la raison. Et de quelle joie glorieuse ne vibre-t-il pas enfin, lorsque, dernière et décisive évocation, la procession du Pardon, comme jadis, s'approche en chantant. « Vois, sous un dais de fleurs, inondé de lumière... Bénissons le Dieu protecteur... Gloire au Seigneur !... ». Nulle école lyrique n'eût valu l'évolution de ces diverses scènes incarnées par Faure. Indépendamment de l'adresse de son jeu, sa voix éloquente en traduisait les moindres nuances avec une émotion et un charme incomparables : douce et tendre, elle berçait d'abord, puis se colorait peu à peu de la foi du succès et s'élargissait enfin, superbe, triomphante, avec une autorité magnifique, à pleine force, pour cet hymne suprême de reconnaissance et d'amour.

Meyerbeer savait ce qu'il pouvait attendre de l'artiste pour qui déjà il avait un peu façonné le principal rôle de *l'Étoile du Nord*. Il n'ignorait ni ses qualités, qu'il s'appliqua à mettre en valeur, ni ses défauts, qu'il fit servir adroitement à ses desseins. La partition porte, sous sa signature, une indication intéressante à l'égard du rôle d'Hoël : « Il doit être distribué à l'artiste qui, dans l'Opéra-Comique, chante les rôles de Zampa et de Joconde. » Ils sont pourtant bien loin d'être écrits dans la même tessiture que celui d'Hoël ; ils « ténorisent » souvent. Meyerbeer approuvait donc que Faure évoquât la même impression? Nous devons reconnaître qu'en donnant le contraste que certains critiques lui reprochaient (Émile Perrin, par exemple, dans la *Revue Contemporaine*) entre « les sentiments vigoureux et les sentiments tendres », l'artiste se conformait sans doute à la conception du musicien. « Il en résulte que l'on croirait presque entendre deux artistes ! » Mais il y a deux hommes dans Hoël, et Meyerbeer l'a parfaitement fait sentir.

On reprochait encore au beau baryton de n'être pas assez farouche, assez ravagé, assez endurci dans le crime, au début. C'eût été excessif et c'eût été laid : Faure n'a jamais pu se résoudre à incarner les rôles dont le réalisme enlaidit ; mais d'ailleurs Hoël n'est que dévoyé et son vrai caractère doit transparaître avant la crise qui le ramène au droit chemin.

Gardons, en somme, de cette exceptionnelle création, l'impression que formule le critique du *Moniteur* (10 avril) :

Faure a trouvé dans le rôle d'Hoël une de ces créations qui marquent dans l'existence d'un artiste. Sa voix de baryton si puissante à la fois et si douce, si pénétrante et si agile, produit une impression de plaisir qui se manifeste par des bravos et des applaudissements continus. Dans la romance du 3e acte, qu'il soupire avec une tendresse indicible, il a ému profondément l'auditoire ; enfin, d'un bout à l'autre de son rôle, son triomphe a été complet.

L'accueil fait par le public parisien au *Pardon de Ploërmel* dénote d'abord comme une sorte d'incertitude. Sans atteindre la vogue extraordinaire de *l'Étoile du Nord*, l'œuvre nouvelle, plus musicale, n'en obtint pas moins 87 représentations en deux ans. L'excellence de l'interprétation, si heureusement complétée par Marie Cabel et Sainte-Foy, n'y était pas sans doute pas pour rien.

C'est une belle période de la vie de Faure. Deux mois, jour pour jour, après la première représentation du *Pardon*, il épousait, dans l'église de Sèvres, près Paris, la charmante Caroline Lefebvre, depuis longtemps déjà sa compagne de travail et d'étude. Meyerbeer et le directeur Roqueplan étaient leurs témoins. Je me réserve de dire, dans un chapitre spécial, quelle fut la carrière de cette *artiste* si accomplie, également exquise comme chanteuse, comme comédienne et comme femme, et de quel prix son jugement, sa collaboration en quelque sorte, fut pour son mari. Elle ne devra pas tarder beaucoup à quitter, sans regret, le théâtre et ses succès, pour se consacrer entièrement à son foyer et à son fils. Peu de figures sont aussi séduisantes de noblesse et de modestie.

Le mariage n'interrompit pas les représentations. Quelques jours plus tard, Faure reparaissait dans *Quentin-Durward* et « Mme Faure-Lefebvre » dans *les Mousquetaires de la reine*. Puis, après un congé bien mérité, c'était le tour de *l'Étoile du Nord*, *Haydée*, *le Pardon;* et qui plus est, on annonçait la mise à la scène, pour lui, de *Don Juan*.

C'était un beau projet, qui ne devait pas se réaliser. — Il est même assez curieux de constater que le chef-d'œuvre de Mozart, monté, en même temps, sur les trois autres scènes lyriques de Paris, n'a paru, pour la première fois, à l'Opéra-Comique, qu'en 1896, au profit de Victor Maurel. — D'abord, Faure fut malade six semaines, entre cette fin d'année 1859 et le début de février 1860. Puis, surtout, il avait pris un grave parti : celui de quitter ce théâtre. La situation était mauvaise, et Roqueplan, tout le premier, ne songeait qu'à passer la main (ce qui ne tarda pas). Faure était, d'autre part, devenu une lourge charge : ses appointements montaient actuellement à 40.000 fr. pour dix mois. Tout porte à croire que la résiliation de son engagement fut amenée par un commun accord : Roqueplan la lui offrit lui-même, dès le mois de mars.

Aussi bien, son pensionnaire, il ne pouvait l'ignorer, avait éventuellement accepté les propositions du directeur de Covent-Garden à Londres, Gye. La carrière italienne exerçait depuis longtemps une véritable fascination sur l'émulation artistique de Faure. Il en avait vu de trop près, dès l'enfance, les principaux artistes, il s'était trop imprégné de leur méthode, et appréciait trop leur répertoire, pour ne pas ambitionner d'y triompher à son tour, et près d'eux. Les rôles qu'on lui offrait étaient, à eux seuls, une irrésistible tentation... La liberté reconquise, en quelques semaines il fut prêt.

Avant son départ, on le voit encore chanter aux Tuileries, puis au Concert des *Jeunes artistes* (les chœurs d'*Athalie* de Jules Cohen et la scène du *Siège de Corinthe*).

En même temps, il donna sa démission de professeur au Conservatoire. — Mais, le 10 avril, il était à son nouveau poste et débutait sur la célèbre scène anglaise.

Londres, à cette époque, possédait deux théâtres italiens, jouant le même genre d'opéras, ouvrant leur *saison* le même jour, et trouvant un public également empressé. Du reste, comme la seule façon de se faire entendre, pour des artistes étrangers, était de chanter en italien, les deux troupes étaient assez composites. Le théâtre *His Majesty*, cette année, faisait entendre Marie Cabel et Mlle Titjens en même temps que MM^mes^ Alboni et Borghi-Mamo ; *Covent-Garden* avait Mme Miolan-Carvalho et Faure, aussi bien que Mario et Giulia Grisi. C'était, au surplus, un attrait particulièrement goûté des dilettanti, de juger comment les uns et les autres se tiraient des difficultés de la langue.

L'accueil fait à Faure fut d'autant plus éclatant qu'il débutait dans son rôle fameux du *Pardon de Ploërmel* et que l'œuvre de Meyerbeer avait déjà été donnée, la saison passée, avec Graziani, lequel, naturellement, le chantait « à l'italienne ». La différence entre les deux barytons devait être surtout sensible dans les récitatifs. Selon l'usage des opéras italiens, Meyerbeer avait, en effet, remplacé le dialogue parlé par des *récits;* mais il ne les avait pas laissés *secs* et à découvert; il les avait développés, soutenus par l'orchestre. C'était faire partie belle à un artiste comme Faure, qui s'y montrait, nous le savons, d'une souplesse, d'une ampleur extraordinaires.

Comme l'année précédente, c'est Mme Carvalho qui incarnait Dinorah : elle avait ainsi fait, elle aussi, ses débuts sur la scène anglaise, et sa voix délicieuse, sa méthode accomplie, avaient été acclamées.

Voici de quelle façon le *Times* résuma les impressions du public :

Le public n'a pas été médiocrement surpris et impressionné par la voix et le jeu de M. Faure. C'est un baryton sans rival, même en France ; c'est un acteur consommé. Il est rare de trouver ainsi réunis : physique, organe, intelligence dramatique, perfection d'élocution. La langue italienne ne l'a, du reste, nullement embarrassé. Bien que sa prononciation décèle son origine, il a su éviter toute teinte d'exagération, si commune parmi ses compatriotes en pareil cas. Chacun a admiré l'aisance avec laquelle il nuançait les diverses situations de son rôle. Sa bonhomie au cours du premier acte, son attitude, au second, pendant que Dinorah dessille les yeux de sa dupe, son repentir et son désespoir au troisième, ...nous ont donné la mesure de sa parfaite aisance comme comédien et de sa sincérité comme sentiment : c'est un artiste qui interprète réellement la pensée de Meyerbeer, et s'élève à sa hauteur. Aussi l'impression qu'il a produite sur toute la salle a-t-elle été profonde et heureuse, son triomphe complet. Si, dans les rôles qui lui sont attribués nous le retrouvons tel que nous l'avons vu ici, facile, naturel, achevé, nous constaterons que depuis bien des années l'Opéra italien n'a fait une aussi précieuse acquisition.

Est-il besoin de dire que notre grand artiste dépassa toutes les prévisions? Aussi devint-il rapidement le favori des amateurs, au théâtre, dans les salons, à la Cour. Ce fut vraiment l'âge d'or de sa carrière. Tout charmait en lui, les manières du gentleman autant que la conscience de l'artiste et la beauté de son art. Aussi le vit-on, à Londres, d'année en année, jusqu'en 1876, dans 21 rôles successivement, que tantôt il incarnait pour la première fois, tantôt il apportait de Paris, tantôt enfin il réservait à la seule scène italienne.

Mais encore, selon ses principes constants, se gardait-il bien, — aujourd'hui qu'il avait atteint l'objet de son rêve d'enfant, et que le petit choriste était devenu artiste *di primo cartello*, — de perdre une telle occasion d'étude, pour affiner son style, colorer son chant, varier son expression, assouplir sa diction... On lui en savait gré à Londres, on s'en aperçut à Paris. Dans cet art, pas un effort bien dirigé n'est perdu.

Dès sa seconde interprétation, en 1860, quel souvenir et quelle satisfaction ! C'est de pair avec Mario di Candia et Giulia Grisi qu'il parut dans *la Favorite* et le rôle du roi Alfonse, qui devait rester toute sa vie l'un de ses favoris. Il y fit sensation : la profondeur et la finesse de son expression y impressionnaient autant que la virtuosité de sa voix. Les quelques scènes si émouvantes de son personnage devenaient le véritable centre de l'œuvre. Le fameux passage où le roi livre, en quelque sorte, à Fernand aveugle de passion, Léonor que la terreur rend muette : « Pour tant d'amour... » fut bissé d'enthousiasme. « Nul artiste, avant lui, n'avait représenté le Roi avec autant de dignité et de grâce. »

C'est encore avec Mario, et Mme Penco, qu'il incarna le touchant personnage de Fernando dans *la Gazza ladra* (la pie voleuse) de Rossini. Cette fois, ce sont les sentiments d'un père que Faure avait à rendre, un soldat poursuivi, traqué, réfugié près de sa fille, servante d'auberge, dont le dévouement va jusqu'à subir une condamnation pour vol, plutôt que de le trahir. C'est un rôle qui exige de la dignité dans l'émotion, de la fierté dans la prière, et une voix large, ample, expressive au suprême degré. La scène où il se révèle à tous, et se livre, pour défendre sa fille, est d'une énergie admirable. Quel parti en pouvait tirer Faure, il est assez facile de le concevoir.

Enfin, il parut dans un quatrième rôle, celui de Saint-Bris, des *Huguenots*, aux côtés de Mario (Raoul), Giulia Grisi (Valentine) et Mme Carvalho (la reine). Le personnage est trop connu pour qu'il soit utile d'insister sur le caractère que lui donnait Faure. Hautain et superbe dans son fanatisme, sévère et même violent dans son autorité paternelle, mais toujours en grand seigneur, ces diverses nuances doivent être soulignées avec une mesure et un goût constants, mises en lumière par une voix souveraine, elle-même, comme un arrêt sans appel.

Avec le mois d'août, Faure fut de retour à Paris. On s'attendait à apprendre qu'il y avait conclu quelque nouvel engagement. Mais on sut bientôt que c'était de Berlin, pendant son séjour à Londres, — peut-être sur le désir de Meyerbeer, — que des offres très brillantes lui étaient venues, pour la saison d'hiver, et qu'il les avait acceptées. — Il se trouva qu'il n'eut pas lieu de s'applaudir de cette résolution.

Il ne devait se rendre à Berlin qu'au mois de novembre. D'ici là, on le suit au grand concert annuel de bienfaisance organisé à Blois par *le Figaro*. Il y chanta le duo de *Moïse* (au second acte, entre Pharaon et Aménophis) avec Tamberlick, son air favori du *Chalet*, et le trio de *Guillaume Tell*, avec Tamberlick et Levasseur. On le suit encore, à Bade, où il chanta entre autres (avec Mlle Masson) le premier duo du *Pré aux clercs*, entre Girot et Nicette, et l'air d'*Ariodant*... Ce qui parut d'une simplicité de programme un peu exagérée.

Il devait, à Berlin, prendre place dans la troupe italienne dirigée par Merelli, dont les représentations se donnaient à l'Opéra royal. Déjà, il avait débuté par *Lucrèce Borgia*, de Donizetti, où un accueil très chaleureux lui avait été fait... Soudain, on apprit que l'intendant des théâtres Von Hülsen, lui avait signifié qu'il ferait dorénavant partie, non de la troupe italienne, mais de l'allemande. Cette singulière prétention avait peut-être pour origine l'exemple de Mme Carvalho, qui venait de donner une série de représentations italiennes dans la troupe allemande, en effet, qui s'était efforcée de dire le dialogue, du moins, en allemand, qui, enfin, avait emporté le rôle de Dinorah pour le chanter dans cette langue, l'année suivante? Quoi qu'il en soit, Faure trouva le procédé incompatible avec sa dignité d'artiste, refusa d'obéir et s'en revint, après résiliation amiable de son engagement. — Il ne remit jamais les pieds en Prusse.

Dans *Lucrezia Borgia*, il incarnait le terrible duc d'Este, rôle concentré, nerveux, expressif au possible, auquel deux scènes surtout donnent un grand caractère : celle où il prépare sa vengeance contre Gennaro qu'il croit l'amant de Lucrèce, et celle où il se joue des angoisses de celle-ci et lui tient tête. Faure s'y montrait, à ce public si nouveau, avec l'ampleur de sa diction et l'autorité de son jeu plus qu'avec le charme velouté et la grâce de sa voix. Il n'en produisit pas moins une impression profonde. Chose curieuse, est-ce hasard, ou ressentiment, il ne reparut dans l'œuvre de Donizetti que tout à fait à la fin de sa carrière, en 1876 : c'est le dernier rôle italien qu'il présenta à ses admirateurs de Londres.

Son retour inopiné à Paris remit aussitôt en question son engagement à l'Opéra, depuis longtemps prévu et annoncé. Il ne fut signé cependant qu'au mois d'avril, c'est-à-dire au moment où l'artiste partait pour sa saison de Covent-Garden. Les conditions en étaient fort belles : il devait toucher 5.000 fr. par mois, la première année, 6.000 la seconde et 7.000 la troisième. Plusieurs mois de congés lui restaient d'ailleurs assurés, en raison de ses engagements à Londres.

En attendant, l'hiver se passa, pour lui, sans autres apparitions publiques que des concerts, surtout dans le monde, ou quelques cérémonies religieuses, telles les obsèques de Scribe, le 23 février 1861 : très solennelles, elles furent célébrées en l'église Saint-Roch, et Faure y chanta, non seulement plusieurs des plus beaux motets de Cherubini, mais un *Pie Jesu* de sa façon.

L'avait-il écrit pour la circonstance? En tout cas, c'est depuis peu, semble-t-il, qu'il avait abordé la composition lyrique, où il devait produire nombre de pages excellentes. *Les Rameaux*, cette mélodie, religieuse également, qui devait acquérir une vogue mondiale, et qui est son premier essai publié, ne peut remonter plus haut que l'hiver de 1860-1861.

Sa rentrée à Covent-Garden eut lieu dans *la Favorite*. *Guillaume Tell* suivit, avec Mme Carvalho et Tamberlick. C'était la première fois, naturellement, que Faure paraissait dans le personnage de Guillaume : son grand style, sa noble fermeté, son pathétique transportèrent la salle. Il semblait qu'on aperçut pour la première fois le vrai caractère du rôle qui est pourtant bien le premier et, qui eut, grâce à l'artiste, les honneurs de cette reprise. Puis ce fut le tour de *Don Juan*, autre révélation, inoubliable interprétation, qui sut triompher du souvenir, encore ineffacé, de Garcia.

Nous demandions tout à l'heure, comment Faure, à son retour d'Allemagne, avait employé ses loisirs forcés ? Pour préparer une aussi magistrale évocation des plus redoutables rôles de la scène lyrique, en vérité, ils n'étaient pas de trop! Mais aussi de quel cœur vraiment épris le noble artiste ne s'était-il pas appliqué à en rendre les plus délicates nuances ! Quelle distinction de grand seigneur, légère, à peine appuyée, *habituelle*, ne donnait-il pas à son allure de séducteur-dilettante ! — Une photographie, prise à Londres vers cette époque, en donne une très juste idée. — Jamais, au surplus, il n'avait doué sa prononciation italienne de tant de grâce et de charme : on sentait vraiment la joie qu'il éprouvait à chanter dans sa langue originale, si harmonieuse déjà, l'enchanteresse partition de Mozart. De fait, il recula longtemps le moment où il lui faudrait l'interpréter en français pour le public parisien. — A Londres, en mai de cette année 1861, il avait pour partenaires :

Mme Carvalho dans Zerline, Mme Penco dans Donna Anna et Tamberlick dans Ottavio.

Un bonheur n'arrive jamais seul (comme dirent les journaux de Londres) : cette même saison vit les débuts éclatants de la toute jeunette Adelina Patti dans *la Sonnambula.*

Faure termina ses représentations, en juin, par son rôle de Saint-Bris. On avait songé à remonter *le Pardon de Ploërmel*, pour y faire entendre, avec lui, la petite étoile nouvelle, qui répétait assidûment le rôle de Dinorah. Mais, en fin de compte, ce n'est que l'année suivante que l'œuvre de Meyerbeer reparut en scène avec la Patti : sa prestigieuse *Sonnambula* suffit pour l'instant aux dilettantes, qui ne s'en lassèrent de toute la saison.

CHAPITRE TROISIÈME

L'Opéra. Londres et la carrière italienne.

1861-1876

L'Opéra de Paris, à l'époque où nous sommes ici, était assez faiblement défendu, au point de vue de l'interprétation, et l'on se préoccupait d'en relever le niveau artistique, d'en compléter les cadres. Le répertoire était de haute valeur — *Guillaume Tell* et *le Comte Ory*, de Rossini ; *le Philtre*, d'Auber ; *Robert le Diable*, *les Huguenots*, *le Prophète*, de Meyerbeer ; *la Juive*, d'Halévy ; *la Favorite* et *Lucie de Lammermoor*, de Donizetti ; *le Trouvère*, de Verdi ; enfin *Herculanum* de Félicien David et *Pierre de Médicis*, du prince Poniatowski, encore dans leur nouveauté... —, mais c'est à peine si les artistes engagés y pouvaient suffire, et, en cas de maladie ou d'absence, il fallait changer l'affiche. Le ténor Gueymard et sa femme étaient en tête ; puis les barytons Bonnehée, Cazaux, Coulon, les basses Belval et Obin, le jeune ténor Michot, enlevé au Théâtre Lyrique, et, avec eux : Mme Tedesco, Mlle Hamakers, les sœurs Marchisio et deux nouvelles recrues : Mme Van den Heuvel-Duprez et la toute jeune Marie Sass.

Pour achever, d'un coup de maître, on s'assura non seulement de Faure, mais de Pauline Viardot, dont le foudroyant triomphe, en incarnant *Orphée*, au Théâtre Lyrique, était encore dans tous les esprits.

On attendait Faure avec le mois d'août. Mais dans quel rôle ferait-il ses débuts, c'est, une fois de plus, ce que se demandaient les journaux. Déjà, il avait été question d'une reprise d'*Iphigénie en Tauride*, où Marie Sass eût pris le rôle d'Iphigénie, Michot celui de Pylade et Faure celui d'Oreste. Mais remonter du Gluck sans profiter de la présence de Mme Viardot parut une idée insoutenable et *Alceste* (qui pourtant ne lui convenait qu'à moitié) obtint les préférences. Quant à Faure, les congés de divers artistes ne lui permettaient de choisir ni *la Favorite*, ni *Guillaume Tell*, qui lui eussent été si favorables ; on donnait comme possible *le Trouvère*, c'est-à-dire le rôle vigoureux et passionné du frère de Léonor... En définitive, pas plus qu'Oreste, Faure ne chanta jamais le comte de Luna, et c'est dans une simple reprise de *Pierre de Médicis*, en octobre, après des semaines de retard, qu'il fit enfin ses débuts sur notre première scène.

Cette œuvre honorable avait vu la rampe le 9 mars 1860 et obtenu une quarantaine de représentations. Elle contait la rivalité tragique des deux frères Pierre et Julien de Médicis, épris de Laura Salviati, qui, de force, prenait finalement le voile. Dans l'espoir d'un regain de succès, les auteurs avaient modifié le dénouement, et Pierre, expirant, unissait réellement Laura à Julien. Ils comptaient en même temps que ce dernier personnage, créé par Bonnehée avec moins de force que d'expression, prendrait plus de relief avec Faure et passerait au premier rang. Le parti n'était pas pour déplaire à celui-ci, et l'on comprend qu'il l'ait pris sans hésiter. De tout temps, il aima que l'on pût dire qu'il était supérieur au rôle où il paraissait. A le dominer ainsi, il maîtrisait mieux l'émotion folle qui, invariablement, l'étreignait. Et puis, dans le cas présent, cette prudence était ingénieuse. Car si certains critiques s'écrièrent : « Un pareil début ne suffit pas ! C'est trop d'ombre pour un artiste comme celui-là ! », ce regret n'en préparait que mieux le public à escompter le second début, le vrai. Il jouissait de ce que lui offrait l'artiste, mais en s'en promettant davantage.

Voici, sous la plume de Fiorentino, dans le *Moniteur*, le récit de cette première soirée :

Le rôle du baryton n'est pas des plus étendus ni des plus importants. Il se compose en tout d'un duo, d'un air et de quelques phrases jetées çà et là dans les morceaux d'ensemble. Mais il est très bien écrit pour la voix, d'une mélodie aisée, claire, agréable à l'oreille, et il suffit pour mettre en relief les meilleures qualités d'un chanteur. Faure, en le choisissant, a fait acte de modestie et d'habileté...

... Dès le premier duo la partie était gagnée. L'extérieur et la tenue de l'artiste ont prévenu en sa faveur. Il est fort bien de sa personne, et ses traits, d'une régularité un peu froide, semblaient plus animés que de coutume. Sa voix, d'un fort beau timbre, a gagné en force, en agilité, en égalité. Ses notes sont mieux fondues, ses transitions moins brusques, sa diction plus ferme et plus accentuée. Pour la simplicité et la pureté du style, la largeur des phrases et l'élégance des vocalises, Faure est un maître. Il a dit en perfection l'adagio de l'air du tombeau, au 3e acte, et l'a terminé par un point d'orgue d'une délicatesse et d'un charme exquis. Dans l'allegro, il a trouvé des notes d'une puissance et d'une énergie que nous ne lui connaissions pas. Il a très bien fini, si bien, que le public, qu'il avait enchanté et qui se préparait à l'applaudir, surpris et ébloui par cette dernière fusée, lui a fait une véritable ovation.

Un autre critique, W. Batta, nous laisse une impression semblable.

Depuis longtemps, nous n'avions vu pareil enthousiasme, et disons-le franchement, c'était justice. Il a interprété le rôle de Julien de Médicis en véritable chanteur ; ampleur de style, sentiment vrai, exécution irréprochable, voilà les qualités qui distinguent cet artiste ; il a su les faire valoir dans sa grande scène au tombeau de sa mère ; jamais morceau n'a été chanté avec plus d'habileté et de savoir; aussi les honneurs du rappel ont dû prouver à M. Faure que le public de l'Opéra aimait encore à entendre chanter.

Quelques voix cependant répétèrent un reproche déjà formulé au temps où Faure était à l'Opéra-Comique : « Il se surveille trop ; il charme ; mais n'émeut pas. » Elles ajoutaient, ce qui était tout naturel :

Il n'a point encore le pied marin sur cette mer plus houleuse qu'est l'Opéra ; son talent n'a point encore les allures du grand drame lyrique. Cela viendra sans doute, car il faut que M. Faure soit le premier, sans rival et sans conteste ; autrement l'Opéra ne gagnerait point tout ce que l'Opéra-Comique a perdu.

Guillaume Tell, un mois après (6 novembre) allait montrer, qu'en effet, « cela venait ». Une observation, en tous cas, frappa les connaisseurs : Si l'on avait pu craindre que cette belle voix fût *forcée* en changeant de cadre, on était loin de compte ; car, au contraire, comme elle devait *se modeler* à la salle où elle devait se faire entendre (ce fut toujours l'un des plus grands secrets de l'artiste), cette voix parut avoir gagné, aussi bien en ampleur, en puissance, en autorité, qu'en délicatesse et en limpidité.

Le personnage était d'ailleurs incarné de la façon la plus absolue. Nous avons vu que Faure l'avait « établi » à Londres. Il ne l'avait pas joué moins de dix-sept fois déjà lorsqu'il put le présenter enfin dans sa langue originale. On sentit tout de suite autre chose que les interprétations habituelles. Guillaume devint le centre de l'œuvre musicale, comme il l'est du drame de Schiller, et prit la place qu'il n'avait pour ainsi dire jamais occupée et qui lui était due. Rossini ne s'y trompa pas un instant, et c'est à cette impression qu'il répondit en disant, en écrivant même que Faure avait proprement *créé* le rôle.

De fait, la plupart des interprètes ne semblaient pas avoir étudié le héros suisse sous sa forme originale, très heureusement sauvegardée, en somme, dans la partition. Le dernier, par exemple, Cazaux, athlétique, violent, le tournait en révolutionnaire... Le vrai Guillaume est simple, paisible, homme de foyer ; toute son énergie est calme et bienfaisante. Son action est épisodique et ne s'impose, jusqu'à attirer tous les regards, à concentrer toutes les espérances de son pays opprimé, que par sa droiture, sa fermeté, son conseil.

> Faure en fait ressortir avec énergie le côté patriotique et ferme, mais il en rend aussi le côté tendre et paternel avec un charme et une tendresse extrêmes ; il chante, il ne crie jamais.

Et Fiorentino répétait encore, un peu plus tard :

Le Pardon de Ploërmel, rôle d'Hoël.

Il chante le rôle de Guillaume avec une rare énergie, une chaleur, une puissance admirable ; il le chante tel qu'il est écrit, sans rien ôter ni rien ajouter, avec tout le dévouement et le respect qu'on doit aux chefs-d'œuvre.

Un pareil jugement est assurément ce que peut souhaiter de plus flatteur un véritable artiste. En ce qui concerne *Guillaume Tell*, on en put apprécier longtemps le bien fondé, car Faure avait une vraie passion pour ce personnage qu'il continua de *vivre* jusqu'à la fin de sa carrière, comme une de ses plus typiques évocations. — Les barytons d'aujourd'hui doivent une grande reconnaissance à leur illustre camarade. Il leur a laissé des traditions qui ont singulièrement mis en valeur leur interprétation.

Dès son entrée, et cette belle phrase : « Il chante en son ivresse... » qui mêle une gravité si pleine d'amertume à la légère insouciance de la fête populaire, on avait l'impression totale de ce que serait Guillaume et du caractère de l'œuvre même de Rossini. Puis venait le grand duo avec Arnold, plus tard le trio où celui-ci apprend le meurtre de son père, la conjuration du Rütli..., et à chaque pas on sentait l'influence douce et ferme du libérateur de l'Helvétie relever les esprits, fortifier les défaillances, concourir progressivement à l'unité d'efforts où s'épanouit l'hymne final. Au centre du tableau, l'épisode légendaire de la pomme achevait de tendresse virile, de fierté pathétique, cette figure sublime.

A chaque reprise de l'œuvre, il semblait que Faure eût trouvé des accents nouveaux pour évoquer cette âme d'élite. Je lis encore en décembre 1867 cette impression où l'on sent l'émotion profonde dont il étreignait l'auditeur le plus averti :

Jamais cet admirable rôle n'a été interprété avec plus de puissance, de chaleur et de maestria. On sait quelle voix superbe possède l'éminent artiste, et comme il la manie, comme il la domine et comme il en fait ce qu'il veut ! Il sait la rendre tour à tour touchante et énergique ; il lui fait exprimer l'amour paternel, la colère, l'indignation, la soif de la vengeance, sans en altérer la pureté. Sa fière tournure, sa belle prestance, son jeu sobre et contenu ajoutent encore à l'effet qu'il produit.

Techniquement parlant, le rôle de Guillaume était bien l'un de ceux qui pouvaient le mieux convenir à la voix de Faure. Il explique très justement dans *La voix et le chant*, comment ces anciens rôles de baryton sont, en réalité, à les rapprocher de ceux du répertoire italien et même, en général, de ceux de notre temps, écrits pour basse chantante. Les notes hautes qu'ils renferment ne doivent pas donner le change sur leur tessiture : c'est affaire à l'artiste de savoir les amener et les mettre en valeur. — Il n'est pas superflu d'insister sur ce point, généralement méconnu, en dépit de l'exemple éclatant donné par Faure. L'interprétation de Guillaume Tell, ainsi conçue, donne beaucoup plus de relief aux ensembles, et, par contraste, de couleur et de charme à ces notes hautes.

Pour en revenir à l'année 1861 où nous sommes encore, et qui s'achevait, on ne voit plus à citer, à l'Opéra, que le festival annuel au profit des pensions de retraite. Faure y participa en chantant, avec Michot, le beau duo de *la Reine de Chypre*, qui a tant d'élan chevaleresque et de douceur à la fois. Quelques semaines plus tard, les artistes de l'Opéra concouraient encore à l'exécution, en l'église de la Madeleine, d'une messe nouvelle, dédiée au pape Pie IX par Dietsch. Faure y chanta, à l'orgue, un motet du même musicien, dont le caractère religieux fut fort apprécié. C'est Saint-Saëns, alors organiste, qui l'accompagna.

La Favorite commença l'année 1862. C'est encore un des rôles que l'artiste a gardés le plus longtemps à son répertoire. C'était aussi, à cette époque, celui qui pouvait le mieux faire apprécier des amateurs le travail de perfectionnement auquel il s'était livré depuis son départ de l'Opéra-Comique. J'ai déjà noté le reproche, le seul, qu'on faisait à sa méthode et à sa voix : la vibration trop marquée de celle-ci, une sorte de frémissement naturel, où Faure ne cherchait nullement un effet spécial, mais qui marquait comme l'impatience d'un organe superbe, difficile à maîtriser...

Du moment qu'il y avait difficulté, il y avait plaisir à

lutter. Faure rapportait de Londres une voix qui ne lui résistait plus. On retrouvait en elle toute la souplesse, toute la pureté qu'on avait dès longtemps appréciées, mais avec une fermeté, une égalité, une netteté... qui ravissaient d'une jouissance nouvelle.

Et il la conduit, — écrivait Fiorentino —, il la conduit avec une habileté et une aisance magistrales. C'est un compliment banal à lui faire que de lui répéter ce qu'il entend sans doute vingt fois par jour, qu'il a un des plus beaux organes qu'on puisse entendre, d'une limpidité, d'une douceur et d'un timbre merveilleux. Il le sait de reste, et ne tire aucune vanité de ce qui n'est qu'un don de nature. Mais ce qui doit le flatter par dessus tout, ce sont les bravos intelligents dont plusieurs de ses traits, plusieurs de ses phrases ont été pour ainsi dire soulignés, avant l'applaudissement général...

Il a bien chanté son récitatif et son air, avec une grande simplicité de style et un goût exquis... Il s'agissait pour le nouveau venu de faire oublier ses devanciers, chose difficile, et c'est pourtant ce qui est arrivé dans la fameuse romance « Pour tant d'amour » où Faure les a tous éclipsés. Rien de plus pur et de plus doux que cette mélodie touchante remplie d'une tendresse émue et de mélancoliques regrets ; l'artiste en a doublé le charme à la reprise par un léger changement, une fioriture tout italienne...

... Il ne fait pas trop de gestes, il ne s'agite pas outre mesure, il ne donne point de marques d'un extrême désespoir, même lorsqu'il apprend la trahison de Léonor et de Fernand... C'est manquer de feu et d'énergie, disent les uns ; c'est montrer de la dignité et la majesté, répondent les autres. Il me semble que ces derniers ont raison. Un roi doit savoir se contraindre, surtout quand toute la cour a les yeux sur lui.

Cette maîtrise de soi, qui caractérisait l'interprétation de Faure, semblait d'ailleurs d'autant plus accentuée qu'elle était en plein contraste avec la passion débordante, effrénée de Léonor, c'est-à-dire de Pauline Viardot. Celle-ci, qui abordait pour la première fois ce rôle (le dernier de sa carrière), en faisait valoir surtout l'angoisse et le pathétique, suppléant aux défaillances de sa voix par cette chaleur enthousiaste qu'elle imprimait à tout et qui avait quelque chose d'irrésistible.

Guillaume Tell et *la Favorite* sont les seuls opéras où Faure parut ici au cours de cette année 1862. A Londres, son répertoire ne s'accrut pas non plus. Il comprit toutefois quatre œuvres. L'artiste reprit d'abord son même rôle de Guillaume, entre Tamberlick et Mme Carvalho ; puis celui de don Juan, avec Adelina Patti, cette fois, dans Zerline. — Dire ce que fut le duetto *La ci darem la mano* entre ce don Juan et cette Zerline serait tomber dans l'hyperbole : on n'avait jamais rien entendu de pareil à Londres, semblait-il. L'une était la grâce même, naïve, délicate, toute jeunette, belle à ravir ; l'autre, l'impérieuse fatuité, experte aux séductions rapides, fascinant d'élégance et de charme... Puis, vinrent *les Huguenots*, le noble Saint-Bris, entre Mario et Mme Carvalho. Enfin *Dinorah*, c'est-à-dire *le Pardon de Ploërmel*, avec Adelina Patti pour la première fois. On avait un peu fait attendre cette reprise, mais quel triomphe ! Jamais l'œuvre de Meyerbeer n'avait paru mise en valeur à ce degré-là, et le succès que remporta la petite diva est d'un aloi d'autant meilleur que, contrairement à tant d'autres, elle se montrait aussi fine, spirituelle et originale comédienne que prestigieuse chanteuse : c'était pour le public comme une surprise nouvelle à chaque scène. Faure n'en souffrit pas : le contraste n'était que plus accentué entre les deux personnages.

A Paris, sa rentrée de septembre fut dans *la Favorite* : l'attrait de la nouveauté de son interprétation était loin de diminuer, témoin ce nouvel article et surtout l'observation qui le termine : que les artistes étaient venus en grand nombre assister au retour de leur déjà célèbre camarade, et l'accueillirent d'une ovation.

... On irait pour entendre Faure. C'est un de ces rares artistes qui vous font un plaisir sans mélange. Il a une voix égale, juste, agile autant qu'il le faut, bien timbrée, bien posée. Il profite tous les ans, pendant ses mois de congé, du voisinage et de l'entourage des chanteurs italiens, pour apprendre les secrets d'un art qu'on ne sait jamais assez. Il respire à temps, phrase à merveille, et n'imprime sous aucun prétexte à ses sons cette vibration prolongée qui ressemble à un chevrotement... »

La fantaisie qu'eut alors Mario de reparaître à l'Opéra,

après vingt ans d'abandon de la scène française, aurait pu donner à Faure l'occasion de quelques rôles nouveaux : tel, dans *le Comte Ory*, celui de Raimbaud, où il aurait retrouvé un type humoristique de bonne comédie musicale et un air divertissant à détailler. Mais, d'abord, la reprise de *la Muette de Portici*, qui eût été particulièrement favorable à l'élégant ténor, fut arrêtée net par l'accident mortel survenu à la pauvre danseuse Emma Livry. Ensuite, dans *les Huguenots* préparés à la hâte, il se sentit tout de suite si mal à l'aise avec le texte français, si gêné de l'obligation de surveiller et corriger ses traditions italiennes, qu'à l'issue de l'unique représentation, il courait reprendre place au Théâtre-Italien. *Le Comte Ory* dut se passer de lui... et de Faure qui n'y parut jamais.

Celui-ci, du reste, étudiait une œuvre nouvelle : *la Mule de Pedro*, de Victor Massé. C'est une assez courte partition, en deux actes, sur une anecdote villageoise qui paraît un peu bien dépaysée à l'Opéra. Le riche fermier Pedro aime Gilda, qui aime le jeune soldat Tebaldo. De cette rivalité, Pedro, d'abord ironique et obstiné, sort finalement avec grandeur d'âme quand il sent inutiles ses ruses et ses efforts : il marie lui-même les deux amoureux.

La musique parut avoir plus de sagesse que de verve, plus d'élégance et de charme que de hardiesse et d'originalité. Trois représentations épuisèrent la curiosité, récompensant mal trois mois de travail. Faure put regretter cet insuccès, car son rôle, mené naturellement à la dernière perfection, faisait excellemment valoir toute sa maîtrise.

Faure (dit *le Moniteur*) est constamment en scène pendant les deux actes. Quand il n'a pas un air, une romance, un cantabile, un solo, un morceau d'ensemble, il a des récits qu'il nuance avec beaucoup de grâce, de finesse et de distinction. Il a chanté tout son rôle en maître. Sa voix, d'un si beau timbre, admirablement posée, rend très doucement les mélodies qui veulent être à peine effleurées; il ne la force jamais. Il a dit avec un charme extrême la chanson de *la Mule*... Au début du 2e acte, il a une cavatine d'un très beau sentiment : « Dans ce logis, heureux domaine. » Il l'a chantée avec une largeur de style, une simplicité, une pureté et une expression parfaites. Il faudrait citer ses moindres phrases. Jamais, en un mot, cet excellent chanteur n'avait eu l'occasion de déployer, comme il l'a fait dans cet ouvrage, toutes les ressources d'un art qu'il possède à fond.

Une bonne photographie nous a conservé sa silhouette dans le personnage : son costume andalou a du pittoresque.

Avant son départ pour Londres, nous noterons encore la part qu'il prit à la soirée des débuts de Villaret, ce brillant ténor qui porta si longtemps le poids du répertoire et n'en sortit jamais. Ils eurent lieu dans *Guillaume Tell*. Puis, un concert aux Tuileries, où Faure chanta un air de *l'Enfant prodigue*, d'Auber, le quatuor des *Vêpres siciliennes*, le trio de *Guillaume Tell* et le finale de *Moïse*.

Il débuta, cette année, à Londres, par le rôle du pêcheur Pietro de *la Muette* (autrement dit, ici, *Masaniello*), et les correspondances assurent qu'il eut les honneurs de la soirée. C'est que personne n'avait jamais donné à ce personnage secondaire un tel caractère, un pareil relief. Rude, fanatique, prêt à sacrifier son meilleur ami pour la cause qu'il défend, Pietro domine toutes les scènes de la conspiration dont Masaniello est le chef. Il lui faut une autorité extrême, une voix vibrante. Faure avait l'une et l'autre, et le fameux duo prenait des échos d'épopée avec lui.

Mais ce triomphe pâlit un peu devant celui qui accueillit, deux mois plus tard, le Méphistophélès de *Faust* (ici « Faust e Margarita »). L'œuvre nouvelle n'avait pas encore été entendue à Covent-Garden, et elle avait été montée avec un grand luxe, en présence de Gounod même. Mme Carvalho tenait encore le rôle de Marguerite, qu'elle avait créé au Théâtre lyrique de Paris. Tamberlick chantait Faust, mais un peu gauchement, sa voix se pliant mal à un rôle de grâce et de demi-caractère. Faure, au contraire, s'était moulé, en quelque sorte, à son personnage, l'un des plus souples, des plus colorés, des plus variés de fantaisie qu'il ait jamais évoqués et vraiment créés. Don Juan déchu et infernal, il le rendait sarcastique et d'une fatuité tout à fait originale. C'est pour le coup que le rôle ne parut plus secondaire, comme on se l'était imaginé ! — Il est amusant de lire dans les correspondances de Londres, à propos d'un pareil type, que Faure a prouvé une fois de plus « qu'il n'y a pas de petits rôles pour les grands artistes ». — Nous en reparlerons, du reste, à propos des représentations de l'Opéra, où l'entrée de l'œuvre de Gounod n'eut lieu qu'en 1869. A Londres, il est resté l'un des grands favoris du public, et nous verrons que c'est en l'interprétant une dernière fois que Faure lui fit ses adieux.

Les autres ouvrages où il parut pendant cette saison furent *les Huguenots*, — repris pour les débuts de Pauline Lucca dans Valentine ; Faure y fut acclamé, dit une correspondance, comme « le plus dramatique, le plus artistique, le plus complet des Saint-Bris qui aient probablement jamais paru sur aucune scène ; — *Don Juan*, *la Gazza Ladra* (avec Adelina Patti) et *les Puritains*, de Bellini, où il incarna, pour la première fois, le personnage de Ricardo. C'est le rôle du rival passionné et malheureux, combattu entre l'honneur et la jalousie : soit par l'élégance de ses mélodies, soit par la fermeté de ses récitatifs, la couleur chaleureuse de ses phrases, soit enfin par son caractère même dans l'action, le rôle offrait à son interprète toutes les ressources qui pouvaient mettre en relief le grand style de l'interprète.

La rentrée de Faure, à l'Opéra, au mois d'août, fut dans *la Favorite*, comme l'année précédente. Mais un double régal était réservé par lui aux habitués : le Pietro de *la Muette*, où ils le réclamaient depuis la reprise de l'œuvre, et le Nevers des *Huguenots*. Cette dernière idée, l'artiste dut se féliciter toute sa vie de l'avoir eue, et le fait est qu'elle est bien caractéristique de ses goûts : jamais rôle, en exigeant de lui moins d'efforts, ne lui permit davantage d'en porter l'exécution au « fini » suprême ; jamais, d'ailleurs, personnage, déjà et depuis longtemps connu, ne porta d'une façon plus neuve sa marque personnelle. Grâce à lui, on s'aperçut que le comte de Nevers, pour épisodique que soit sa participation au drame, évoque, bien compris, toute une époque historique, toute la noblesse, tout l'honneur, en même temps que toute la grâce légère mais fière d'une race. On y reconnut l'opposition nécessaire et réconfortante (et qui, à vrai dire, eût dû être plus développée) au double fanatisme de Saint-Bris et de Marcel. Cette « étude d'histoire » fait infiniment d'honneur au grand artiste et doit survivre au simple souvenir de la perfection de son interprétation vocale ou de l'élégance de son jeu, qui allaient de soi.

Faure a paru si souvent, et si longtemps, dans ce rôle, que plusieurs de mes lecteurs peuvent encore s'en souvenir. Dès le lever du rideau, on était séduit : devant ce beau seigneur à la barbe fine, aux oreilles ornées de perles tombantes, au geste désinvolte et qui jouait réellement du bilboquet, on s'imaginait un instant voir s'animer le portrait bien connu d'un Joyeuse ou d'un Guise, tel que Clouet nous l'a laissé. Cette impression de fatuité frivole et impertinente (« Fût-ce le roi lui-même, je n'y suis pas !... ») était la première nuance. La seconde était celle de l'amour sincère que le noble comte voue à Valentine, et dont on sentait, à la fois, qu'il se rendait compte que ce cœur ne lui appartenait pas encore, mais qu'il allait mettre tout en jeu pour le toucher et le ramener à lui (« Noble dame, venez près d'un époux... »). Enfin, c'était sa fière et vibrante attitude devant Saint-Bris dont il refuse d'être complice, et la conquête qu'il fait ainsi de la pleine confiance de celle qu'il a épousée (« Parmi ces illustres aïeux... je compte des soldats et pas un assassin !... Que Dieu juge entre nous ! » Faure lançait ces mots à l'octave supérieure avec un éclat extraordinaire.)

Les honneurs de la soirée ont été pour Faure, déclare Fiorentino le 3 septembre. On le comprend sans peine. Parfaitement grimé et ajusté, aussi remarquable par l'aisance de son jeu que par l'exquise pureté de son chant, il a mis, surtout dans la phrase où il supplie Valentine de venir auprès de son époux, tant de suavité et de charme, que la salle, émue et surprise, a éclaté en longs applaudissements. C'était plus qu'un succès, c'était une révélation.

La Muette de Portici offrait un contraste complet avec

tant d'élégance ; cependant, pour révolutionnaire que soit un pêcheur napolitain, il ne lui est pas interdit d'être beau et Faure n'avait garde d'y manquer. Mais il n'était pas que cela, et, ici encore, c'est une âme humaine qu'évoquait son personnage de Pietro. « On ne conçoit pas, remarque toujours Fiorentino, que l'Opéra, ayant le bonheur de posséder un tel artiste, ne l'ait point chargé de ce rôle à la dernière reprise. » — Nous avons vu qu'il avait peut-être lui-même préféré l'essayer d'abord sur une autre scène. Comme à Londres, il lui donnait maintenant un relief que personne encore n'avait songé à lui accorder... « Il a un organe admirable, qui monte aisément ; il réunit la douceur à l'énergie ; il joue avec une âme, avec feu, c'est tout dire. »

Avant la fin de 1863, je noterai encore une intéressante exécution organisée par l'Association des artistes musiciens, en l'église Saint-Eustache, pour la fête de sainte Cécile : Pasdeloup fit entendre, cette année, la première messe de Beethoven, en *ut*, et Faure se chargea des soli de la basse.

Puis, le 28 décembre, la reprise de *Moïse*, où l'artiste tint le rôle de Pharaon. Ce n'est pas le personnage essentiel de l'action, mais c'est celui dont, absent ou présent, il faut qu'on sente que le caractère la domine. Car il a de la grandeur et du caractère, en effet, qui gagnent singulièrement à être mis en valeur par un interprète de premier ordre. Partagé entre son respect pour Moïse et sa faiblesse pour Aménophis, Pharaon sait toujours tenir le langage qui lui est propre, et prête ainsi à la plus grande variété d'expression. Le succès de Faure ne pouvait qu'y être considérable, autant comme attitude que comme voix. Tamburini y avait laissé, aux Italiens, un souvenir incomparable. Cette fois, il était égalé : on ne pouvait souhaiter « voix d'un plus beau timbre, réunissant à un tel degré la grâce et l'énergie, la douceur à la force, la pureté à l'éclat. Il a été applaudi à chaque phrase, et, après le magnifique duo du second acte (Cruel moment ! Que faire ?) où tous les honneurs et tous les bravos ont été pour lui, force lui a été de reparaître, à la manière italienne, au milieu des plus vives acclamations. »

Grâce à lui et à Marie Battu, qui débutait dans Anaï, sans oublier l'excellent Obin dans Moïse, l'œuvre de Rossini, d'ailleurs remontée avec goût, tint l'affiche plus longtemps qu'elle n'avait jamais fait depuis sa création en 1827. On l'entendit jusqu'en 1865.

Depuis quelques années, les mois d'hiver apportaient à Faure d'innombrables concerts, surtout privés. Son talent particulier, qui n'échappait à personne et dont je parlerai plus loin, de plier ses dons et ses qualités de théâtre à l'ambiance des salons, et, d'une façon générale, de se créer comme un type spécial selon l'enceinte où il se faisait entendre, ne contribua pas peu à cette vogue immense.

Quelques séances publiques, dont il prit sa part, ont laissé des souvenirs dans les journaux du temps. Tel, celui qui marqua l'inauguration de la Société des Beaux-Arts; telle, aux Tuileries, une soirée à la Cour, où, à des fragments du répertoire de l'Opéra, Faure ajouta *les Rameaux*, dont la vogue inouïe commençait; ou encore, à la Salle Herz, à une séance organisée par Alexandre Dumas pour faire entendre une cantatrice italienne, Fanny Gordosa; ou enfin, au Conservatoire, l'air de *la Fête d'Alexandre*, de Haendel...

A quelques jours de là, Meyerbeer mourait. Je n'ai pas à rappeler la solennité de ses obsèques, presque « nationales »; mais, le soir même, en hommage suprême, l'Opéra tint à honneur de donner une représentation particulièrement brillante des *Huguenots*; et Faure, qui était alors à Londres, qui même chantait cette œuvre la veille à Covent-Garden (toujours sous l'aspect de Saint-Bris) eut juste le temps de revenir pour tenir son rôle de Nevers.

A la fin de la soirée, le buste du maître apparut sur la scène, entouré de tous les artistes; et il y eut quelque chose de symbolique à le voir couronné, d'un côté, par la main de Faure, de l'autre, par celle de Marie Sass, sa jeune camarade, la Valentine actuelle : ils semblaient ainsi faire acte d'héritiers de la pensée de l'auteur de *l'Africaine* et déclarer publiquement qu'ils ne failliraient pas à la défendre.

Tout le monde savait, en effet, que les deux artistes avaient été choisis expressément, par Meyerbeer, pour interpréter sa nouvelle œuvre ; qu'ils en étaient comme légataires, que les conseils reçus par eux étaient les derniers...

C'était pour nous donner *l'Africaine*, comme toutes ses précédentes partitions, que Meyerbeer était venu se réinstaller à Paris, dans l'automne de 1863. Singulière histoire que celle de cette œuvre ! On sait qu'elle lui était d'autant plus chère qu'il en avait imaginé lui-même le sujet : il l'avait apporté à Scribe dès 1838, et le scénario en était assez avancé pour lui permettre d'écrire sur-le-champ une importante partie de la musique. Cependant la façon maladroite dont Scribe avait exécuté son plan le désenchanta d'abord et le détourna longtemps d'achever. Puis ce fut une sorte d'obsession qui le portait à remanier son œuvre, à la développer aussi... Enfin le choix des interprètes, toujours essentiel à ses yeux, contribuait encore à ces éternels délais, devenus peu à peu légendaires. Lorsqu'on le vit, tout à coup, se décider à livrer son travail à la direction de l'Opéra, et dès lors, selon sa coutume, mais avec une hâte qui surprit, donner, chez lui, les parties à copier, arrêter la mise en scène, convoquer, éprouver ses interprètes et les faire lui-même répéter..., on en fut saisi comme d'un pressentiment de sa fin prochaine. — Notez que la partition n'était pas du tout *au point* et que Fétis eut encore fort à travailler pour la rendre viable. — Lorsque la mort, brusquement, arrêta le musicien, il avait déjà commencé de faire étudier Marie Sass, choisie, après tant d'autres, pour incarner Sélika.

Faure était désigné depuis longtemps pour le personnage de Nelusko qui, par endroits, semble vraiment avoir été préparé, ou développé, en vue de son interprétation. Cependant, l'ouvrage ne pouvant monter en scène avant quelques mois encore, il était, comme je l'ai dit, parti pour Londres satisfaire à son engagement annuel.

A ses rôles de Don Juan et de Méphistophélès, il ajouta, cette fois, ceux de Rodolphe dans *la Somnambule* et de Dulcamara dans l'*Élixir d'amour*, enfin celui de Peters de l'*Étoile du Nord*.

C'est avec Mme Carvalho qu'il reparut dans le personnage du tsar-charpentier qui lui avait valu, dix ans plus tôt, les triomphes dont nous avons recueilli l'écho. Les amateurs qui purent comparer ses deux interprétations conçurent de la dernière un enthousiasme facile à comprendre : quelle autorité de jeu l'artiste n'avait-il pas acquise, avec quelle virtuosité vocale ! Presque tous ses morceaux furent bissés, mais surtout, le caractère, le style, l'originalité puissante et souple du personnage, firent déclarer que jamais son talent n'avait encore atteint si haut.

Malgré la langue imposée, il ne chantait pas cette *Stella del Norte* à l'italienne, comme bien on pense. Au contraire, dans *la Sonnambula* et *l'Elisire d'amore*, il se plaisait à déployer à l'aise, en digne émule de Tamburini et de Ronconi, toutes les richesses de sa virtuosité, tout le brio de sa diction. Quel contraste, d'ailleurs, entre les deux personnages de ces œuvres. Le noble comte Rodolfo est toute distinction, et son chant a un charme grave et pénétrant, soit qu'il évoque les souvenirs d'enfance du pays où il revient enfin, soit qu'il défende Amina, injustement accusée. Pour ces séduisantes inspirations du doux Bellini, Faure trouvait des suavités qui ravissaient l'auditoire. Le docteur Dulcamara est toute verve sonore, toute faconde volubile et mordante. Son boniment de charlatan sur la place du village, sa scène avec Nemorino à qui il vend l'élixir, sa barcarole à deux voix avec Adina et la scène où il lui vante à son tour les vertus de cette liqueur imaginaire qui, au bout du compte, se trouvent assez réelles puisque les amants brouillés lui doivent d'avoir vu clair dans leur cœur..., il faut, pour bien rendre toutes ces pages, une légèreté humoristique, une fatuité supérieure mais qui n'appuie pas, une bonhomie avisée et ingénieuse... Faure y était délicieux. Cette reprise de l'œuvre de Donizetti fut, du reste, hors de pair : Mario et la Patti incarnaient les deux amants.

En rentrant à l'Opéra, au début du mois d'août, Faure trouva le directeur Émile Perrin en train de signer avec Mme Meyerbeer le traité de *l'Africaine*; et, de fait, les études ne tardèrent pas à commencer. On comptait passer au mois de février prochain, mais mille difficultés surgissaient à chaque pas, le maître n'étant plus là, et ce n'est que le 28 avril 1865 qu'elle vit la rampe.

D'ici-là, *Guillaume Tell*, *les Huguenots*, *Moïse*, *la Favorite*, *la Muette*, continuèrent de former le répertoire de notre artiste. On note aussi, en passant, un concert de gala, au Conservatoire, où, après l'air d'*Œdipe à Colone*, si pathétique, il chanta, avec les chœurs, la Bénédiction des poignards, des *Huguenots ;* — d'autres, dans le monde, où il chanta l'air de *Joconde* et celui du *Châlet*, le quatuor de *Moïse* et celui de *Martha*, l'air du *Siège de Corinthe*, puis, avec Gardoni, le duo de *la Reine de Chypre ;* — enfin l'exécution, en concert, dans la salle du Conservrtoire, avec ses camarades de l'Opéra, et en français malgré son titre, d'un ouvrage inédit du duc de Massa : *La Spoza Veneziana.*

Il ne fut pas question, au surplus, pour Faure, en cette année 1865, de saison londonienne. La cause de *l'Africaine* l'emportait sur toute autre considération. On sait assez qu'il trouva, à la servir, les dédommagements les plus flatteurs.

La présence de Meyerbeer eût sans doute amélioré l'œuvre, mais elle n'eût pu grandir son succès. Il est resté légendaire et prit immédiatement des proportions sans précédent, qu'on n'a pas revues depuis. La « centième » était donnée au bout de dix mois, le 9 mars suivant !

Faure avait à incarner un personnage, qui, lui du moins, est tout d'une pièce. Si la partition porte la marque de trop d'époques de la pensée de Meyerbeer, si elle est inégale et parfois inconsistante, certains personnages ont un caractère puissant et original, tracé avec une fermeté qui ne se dément pas : tels Sélika et Nelusko. Ce dernier est farouche et traître, mais avec grandeur, amoureux mais sans faiblesse et avec une abnégation qui va jusqu'au pathétique ; il intéresse parce qu'il est sincère et vrai. C'est un des types les plus humains, en même temps que les plus pittoresques, du répertoire. Dès sa première apparition devant le Conseil (« Que vous importe... ? ») on sent qu'il est quelqu'un. L'aveu qu'il laisse échapper dans la prison, devant Sélika, de son amour jaloux (« Fille des rois... »), est relevé par l'indignation qui surtout le domine, à devoir accepter l'abaissement de cette reine, et par l'invocation éperdue qui souligne son sacrifice (« O Brahma, dieu puissant ! »). Toute sa haine reprend ensuite, comme une vie joyeuse, lorsque le traître Don Pedro l'achète et qu'il conduit lui-même le vaisseau et la flotte à sa perdition. Enfin, le nouveau sacrifice qu'exige de lui Sélika pour épouser et sauver Vasco, le serment qu'il accorde à celle-ci, l'âme suffoquée de désespoir... (« L'avoir tant adorée... »), puis l'expression suprême de son amour et ses reproches si tendres à celle qui veut mourir... (« Quoi, tu veux mourir ?...), autant de faces également attachantes d'un caractère conséquent avec soi-même, vigoureusement conçu, souplement tracé.

On sent assez quel parti Faure en savait tirer, et comment, lui du moins, il a pu, de bonne heure, fixer le choix toujours inquiet de Meyerbeer.

L'impression, dès le premier soir, fut énorme. Le relief du personnage était extraordinaire et la maîtrise de l'artiste qui l'évoquait séduisante et incomparable. On a gardé, à l'Opéra, le souvenir de l'effet foudroyant de surprise que causa l'appel aux matelots : « Tournez au nord », le soir de la répétition générale. La salle était debout, et Faure dut absolument bisser la phrase !

Blaze de Bury a souligné ainsi cette interprétation splendide dans son article de la *Revue des Deux Mondes* :

M. Faure attaque, prolonge, accentue superbement cette phrase d'une intonation très difficile. Sa voix se développe à l'aise, flexible, onctueuse, étoffée. Du reste, cette maëstria d'exécution, M. Faure l'étnde sur tout le rôle, qu'il compose, joue et chante en artiste français pénétré de la grande tradition des Nourrit, des Levasseur, des Duprez. Impossible de mieux sentir, de mieux dire : sinistre à la fois et pathétique, rampant et superbe, fier et doux, tigre et chien, il représente au réel le caractère entrevu par Meyerbeer. Il a le geste sobre, ce mélange de souplesse et de dignité propre aux races primitives, l'intention juste, la pose vraie et dans son chant comme dans son jeu cette autorité que donne à un artiste d'expérience et de talent la conscience non exagérée, mais parfaitement établie, de son mérite.

En dépit du succès unanime qui avait accueilli et qui soulignait chaque soir la composition de son personnage, Faure n'aimait qu'à moitié le rôle de Nelusko. Je veux dire à son point de vue personnel. Et il en donnait cette raison, qui prouve avec quelle sévérité il surveillait ses interprétations et les contrôlait : c'est qu'instinctivement, il était porté à accentuer surtout le côté hautain ou tendre du personnage, mais n'en rendait pas *naturellement* l'humeur farouche, l'allure sauvage et le parler tonitruant. Le jour où il trouva un autre artiste donnant spontanément cette expression au rôle, et pouvant vraiment le suppléer, il renonça à le jouer. C'est ce qui arriva lorsque le baryton Devoyod fut engagé, à sa sortie du Conservatoire. Faure demanda que son début eût lieu dans *l'Africaine*. Il se mêla aux spectateurs, l'entendit, et constatant que le rôle étant en bonnes mains, il déclara qu'il fallait le laisser à son jeune camarade. A cette époque, Nelusko avait été incarné par lui plus de 150 fois : c'était en juillet 1867.

Une autre anecdote se rattache à cette chronique de *l'Africaine*. L'œuvre n'avait pas tardé à être offerte aux abonnés de Covent-Garden, — dès le mois de juillet 1865 — et son succès se poursuivait encore, lorsque Faure revint, en 1866, pour la *saison*. Graziani tenait fort bien le rôle de Nelusko, et Faure ne se souciait pas de rivaliser avec lui. Mais un soir, Tagliafico, qui incarnait le Grand-prêtre, s'étant trouvé subitement indisposé, Faure s'offrit à le remplacer. C'était un peu un tour de force, surtout dans une autre langue, car l'espèce de récitatif mesuré : « Buvez, tous deux, buvez ce philtre saint! » est d'un rythme très particulier.

Ces engagements à Londres gênaient fort la direction de l'Opéra, et Perrin tâchait d'obtenir de son illustre pensionnaire d'y renoncer pour quelques années. Il y réussit, non pour 1866, car Faure devait au contraire dédommager le directeur anglais Gye de son abstention de 1865, mais pour 1867 et les années suivantes. Il renouvela en même temps son traité, non sans en augmenter les conditions. — Faure, en ces derniers temps, avait touché 6.000 fr., puis 7.000 fr. par mois. Cette fois, le chiffre fut porté à 8.000, mais garanti pour l'année entière ce qui donnait un total de 96.000 fr.

Quelques jours après, l'artiste justifiait ces appointements énormes, surtout pour l'époque, en incarnant enfin, sur cette scène, ce personnage de Don Juan dont les lettres de Londres avaient déjà fait la réputation et qu'on attendait à Paris depuis si longtemps.

A l'Opéra, l'œuvre de Mozart, montée en 1834 (avec Adolphe Nourrit, c'est-à-dire en ténor, comme Garcia), était délaissée depuis 1844 ! C'est assez dire que la reprise du 2 avril 1866 avait été préparée comme une pièce nouvelle. Faure avait autour de lui Obin et Naudin, MM^mes Sass, Gueymard et Marie Battu. Aussi le succès dépassa-t-il de beaucoup celui des précédentes mises à la scène. *L'Africaine* seule atteignit, cette année, le nombre des représentations de *Don Juan*.

Notre grand artiste n'imposa pas tout d'un coup sa façon de comprendre et d'interpréter le rôle : en grand seigneur dilettante. Le type de Don Juan, *à priori*, paraît devoir être éblouissant de verve, de vie, d'audace, de séduction, bref, irrésistible. Mais est-ce le Don Juan de Mozart (et de Molière), à qui, justement, tout le monde résiste ? Les amateurs de théâtre rappelèrent la passion débordante de Garcia et firent observer, de Faure : « Il y a de la tendresse dans sa voix, mais il n'y a pas de fièvre, et l'on sent qu'il n'est pas tout à fait impossible de lui résister. » — Mais,

Don Juan, rôle de Don Juan.

précisément ! Si Don Juan montrait de la fièvre, c'est donc qu'il prendrait la passion au sérieux ; et franchement, on comprendrait mal qu'il réussît si peu à pousser ses aventures. Comment ne se rend-on pas compte qu'à exalter ce que *devrait* être Don Juan, on diminue encore ce qu'il *est* en réalité ? C'est au contraire sa curiosité de gourmet, son élégance sans recherche, sa fierté sans brutalité, son orgueil sans défaillance, qu'il s'agit de mettre en valeur. Et c'est exactement ce que faisait Faure. Que de Don Juan n'a-t-on pas vu *avilir* le personnage en soulignant une sensualité de trop mauvais goût, ou le *fausser* en le montrant dévoré d'une passion trop dramatique !

C'est donc une erreur de point de vue que révèlent des appréciations comme celle de Fiorentino (*Moniteur* du 4 avril) :

...Chanter Don Juan, pour un homme, c'est comme, pour une femme, jouer Célimène. Garcia et Mlle Mars y ont seuls complètement réussi. Faure, sans être le Don Juan absolu, a montré dans ce rôle impossible de très grandes et de très rares qualités. Il est grand seigneur, il a de l'autorité, du sang-froid, de l'élégance ; mais il n'a pas cet air enivré, cet air de joie et de triomphe qui séduit le sexe faible. Ses vêtements sont de bon goût et bien portés ; mais il faudrait ce faste éblouissant, cette folie de dorures, de dentelles et de broderies, ces recherches presque ridicules mais charmantes qui caractérisent « l'homme à femmes ». Ce que nous disons là de sa personne peut s'appliquer à son chant. Le brio y manque un peu. Cependant Faure a dit d'une façon délicieuse cette sérénade dont l'accompagnement moqueur semble railler le chant langoureux. Le public enthousiasmé a voulu l'entendre une seconde fois.

Du côté de l'art et du chant, il y a unanimité, cela va sans dire, parmi les critiques. Quelles pages eussent pu mieux servir une pareille souplesse d'expression, une telle grâce dans le style, un tel mordant dans le brio, que le trio emporté du début, que le tendre dialogue avec Zerline, que la brillante invitation au bal, que les scènes humoristiques si séduisantes dans la nuit, sous le balcon, avec Leporello, avec Masetto..., que le souper, enfin, où il tient tête au Commandeur ? Faure avait, dans cette dernière scène, une attitude qui impressionnait : son épée tirée trahissait, en vibrant comme nerveusement, le trouble que cachait sa hautaine fierté... La démarche nonchalante qu'il prenait parmi les villageois était, par contre, d'une saveur humoristique extrême. La sérénade était d'une grâce incomparable à entendre... en dépit de cette erreur, qui choquait à bon droit les vrais dilettantes, la fioriture, l'arabesque vocale dont il agrémentait la conclusion. La légèreté et le fini en étaient exquis, mais, en dépit de son texte, l'œuvre de Mozart ne doit, en aucun cas, être chantée « à l'italienne ». En revanche, le *non !* final, lancé à la face du Commandeur, sur un *sol* dièze, marquait si bien le cri de rage du désespoir de Don Juan vaincu, qu'il semblait plutôt une trouvaille qu'une hardiesse.

Les représentations devant être interrompues par la saison de Londres, que Faure ne pouvait éluder, cette année encore, il y fit sa rentrée, en mai, dans *Faust. La Somnambule* et *les Huguenots* suivirent, ainsi que *Don Juan*, bien entendu ; puis *l'Elixir d'amour*, avec Mario et la Patti également. Cependant, — s'il faut en croire les correspondances — Faure aurait changé de rôle avec Ronconi, et incarné cette fois, non plus le brillant docteur Dulcamara, mais le fastueux sergent Belcore, autre beau parleur, d'un phrasé plus arrondi, plus élégant, et dont les goûts de l'autorité s'accommodaient sans doute mieux.

Vint ensuite une reprise de *l'Étoile du Nord*, avec la Patti, mais, pour la première fois ici, et surtout, surtout, *les Noces de Figaro*, où Faure sembla révéler encore des qualités nouvelles, qui enthousiasmèrent. D'autant plus que ce n'est pas, comme on le supposerait d'abord, le rôle du noble comte qu'il avait choisi, mais celui de Figaro. On ne saurait, dans le genre de la comédie lyrique à langue italienne, rêver rôle mieux fait que celui-là pour mettre en valeur, dans ce chef-d'œuvre des chefs-d'œuvre, des qualités d'autorité légère, de goût piquant et gai, lorsqu'une voix souple les *ensoleille*. Le caractère du personnage, au surplus, est autrement solide et intéressant que celui du *Bar-*

bier de Séville. Il est complexe et plein de nuances, il est humain, il est franc dans sa belle humeur, éloquent dans sa souffrance, il est mûri par la vie. Ses scènes avec Suzanne, la fanfare qu'il entonne pour encourager Chérubin, la vivacité spirituelle avec laquelle il met le Comte dans son tort et gagne son procès, la sincérité de sa peine d'un instant et de sa joie soudaine sous les soufflets de Suzanne déguisée..., autant d'expressions variées d'une individualité peu banale, et, en somme, très sympathique. Faure les rendait, paraît-il, et nous le comprenons aisément, avec une verve dominatrice et supérieure du meilleur goût, du plus ingénieux esprit. Une jolie photographie a gardé le souvenir de sa silhouette, qui ne laissera pas de surprendre ceux qui ne l'ont jamais vu que dans les rôles les plus nobles de son répertoire Parisien, mais où son élégance naturelle garde toujours ses droits.

Il fit encore avec Mozart sa rentrée à l'Opéra. On trouva dans son Don Juan « une nuance d'amour et de passion de plus ». Il reprit parfois Nelusko, dans *l'Africaine* toujours triomphante, notamment pour soutenir Villaret, qui, à son tour, se montra des plus remarquables dans Vasco.

On répétait déjà, à cette époque (novembre), l'œuvre nouvelle de Verdi, écrite tout exprès pour Paris et sur texte français : *Don Carlos.* Nous n'avons pas à faire la critique du poème, tiré par Méry et Du Locle du beau drame de Schiller ; mais il faut rappeler que, si le personnage du marquis de Posa, Rodrigue, ami et défenseur de l'Infant Don Carlos, est aussi fantaisiste, historiquement, que le prince lui-même, il n'en constitue pas moins un rôle attachant, de fière allure, de noble style, très heureusement traité, d'ailleurs, par le génie de Verdi, et qui, incarné par Faure, donna à toutes ses scènes le plus grand caractère.

Représenté pour la première fois le 11 mars 1867, *Don Carlos* n'obtint pas moins de 43 soirées dans le cours de cette même année. On comprend mal qu'il n'ait jamais été l'objet d'une reprise, car la partition est de celles qui doivent rester, et la plupart de ses rôles ont de quoi tenter les artistes les plus difficiles. On a beau sentir que ces scènes sont « en marge de l'histoire », elles ont une vie émouvante et sincère, et certaines d'entre elles, par exemple celle qui met aux prises Philippe II et Rodrigue, leurs caractères si opposés, leur défiance mutuelle, semble une vraie page d'histoire. L'interprétation, au surplus, était de premier ordre, et Obin n'a pas laissé de souvenirs moins saisissants dans le premier que Faure dans le second.

Ce personnage du marquis de Posa symbolise, avec autant de dignité que de tendresse, l'amitié dévouée jusqu'à la mort. Tantôt, à l'aveu d'un amour sans issue, terrible, il soutient le prince, il l'arme contre lui-même, il lui fait entrevoir la gloire du héros dont l'âme s'épure au devoir accompli... Tantôt, député par lui auprès de la reine, il implore d'elle, non une faiblesse, mais un soutien, un apaisement... Tantôt, rencontré par le Roi, il ose défendre près de lui la cause du prince et de la liberté... Et de quelle noblesse, ici, de quelle inquiète et délicate sollicitude, là, l'admirable interprète ne relevait-il par ces accents si sincères !... Plus loin, voici le drame qui se noue : il lui faut défendre son ami contre la fureur jalouse de la princesse Eboli ; il lui faut le sauver de la colère du Roi, en le désarmant ; il lui faut enfin prendre à son compte toute l'intrigue politique dont l'Infant était coupable, et mourir pour lui, dans ses bras, en exhalant son suprême adieu comme enivré de la joie du sacrifice.

Pour mettre en valeur toutes ces touches variées d'un portrait d'histoire, Verdi avait eu soin de ménager à son interprète des phrases d'une grâce et d'une délicatesse exquises, d'autres robustes et souveraines, avec quelques-unes de ces notes suprêmes de la voix de baryton que Faure avait le secret de rendre si séduisantes... On déclara qu'il s'était vraiment surpassé, et sa mort dans la prison de Don Carlos parut d'un grand tragédien.

Il y a longtemps (écrivait Xavier Aubryet) que Faure est le premier chanteur de Paris, mais on oublie trop de dire combien cet élégant artiste est, à chaque création, en progrès sur lui-même : on sent qu'il travaille même sa perfection. Jamais sa voix n'a eu à la fois plus de vibrant et plus de moëlleux, jamais son émission de son n'a été plus pure et plus ferme.

Comme nous l'avons dit, *Don Carlos* fit toute la saison, sans préjudice de *l'Africaine* (c'est en juillet que Faure laissa son rôle à Devoyod), de *la Muette* et de *Don Juan*. L'artiste n'allant plus à Londres, on en pouvait largement profiter, et ses 37 ans étaient d'ailleurs infatigables. — On peut croire, au surplus, qu'il ne manquait ni de soirées mondaines, ni de concerts publics. Parmi les exécutions dont l'attrait fut noté dans les feuilles, je trouve ainsi, en mars, une *messe* du prince Poniatowski, en l'église Saint-Eustache ; en avril, au concert aux Tuileries, où il chanta *le Printemps* de Gounod, le duo de *Moïse* et un *Sancta Maria*, « hymne français » de sa propre composition... ; ainsi que d'autres soirées plus ou moins officielles.

A part, on gardera le souvenir de l'audition, au Cirque des Champs-Élysées, au début de septembre, de la cantate couronnée au concours international de Composition musicale, ouvert à l'occasion de l'Exposition universelle ; car elle était de Camille Saint-Saëns et avait nom *les Noces de Prométhée*. Le poème était d'un jeune lycéen ; la musique parut essentiellement composite, ingénieuse et froide, mais avec des ensembles techniquement très intéressants et des pages lyriques d'un incontestable éclat. Faure évoquait le personnage de Prométhée et donna une autorité, un caractère superbes au type énergique du titan, notamment dans son « chant triomphal ». C'est Marie Sass qui représentait à ses côtés « l'Humanité ».

Pour en revenir à l'Opéra, nous trouvons encore à signaler au cours de l'année : le gala donné en l'honneur du tsar et des princes étrangers visiteurs de l'Exposition (4 juin), dont le programme comportait le 4e acte de *l'Africaine* ; une reprise assez solennelle de *Guillaume Tell* (25 novembre) où Faure sembla se surpasser encore, de pathétique et de grandeur, d'énergie et de tendresse, de pureté vocale et de grand style ; et, plus particulièrement, une création (ou peu s'en faut) dans *la Fiancée de Corinthe*, un acte de Duprato, donné d'abord le 21 octobre, mais dont l'un des interprètes était tombé malade après la première représention.

C'est d'une ballade de Gœthe que Du Locle en avait tiré le poème. On y voit la jeune Chloris tenter en vain de se substituer à sa sœur Daphné, morte en l'absence de Lysis, son fiancé, et dont l'ombre apparaît à celui-ci pour l'entraîner à son tour dans la mort avant son parjure. Le personnage du vieux pêcheur, père de Chloris, est assez terne, comme la partition même, mais Faure, en le prenant à l'improviste et presque au pied levé, lui donna un relief des plus favorables au succès de l'œuvre. Cette petite « leçon indirecte à l'adresse des artistes médiocres qui s'amusent parfois, non seulement à refuser de doubler un chef d'emploi, mais à faire fi d'un rôle qui ne leur semble pas suffisamment important » fut très remarquée et chaleureusement soulignée. — D'autant plus que David reprit son rôle un peu plus tard.

1868, c'est l'année d'*Hamlet*. Avant d'aborder cette création célèbre, nous prendrons note de quelques concerts plus particulièrement marquants, avant et après la représentation de l'œuvre d'Ambroise Thomas.

La première, qui fit quelque bruit, c'est la sérénade dont les artistes de l'Opéra firent la surprise à Rossini à l'issue de la cinq centième représentation de *Guillaume Tell*. On fit remarquer que l'illustre maître avait été fêté de même après la première, le 7 août 1829. Bien que souffrant (il ne devait pas achever cette année), Rossini parut à une fenêtre de la maison qu'il habitait rue de la Chaussée-d'Antin, et reçut Mlle Battu avec Faure et Villaret, qui venaient lui offrir une couronne d'or. Ces artistes, avec leurs camarades des chœurs et de l'orchestre, venaient d'exécuter, sur une estrade improvisée dans la cour de l'immeuble, l'ouverture et les scènes de fiançailles qui suivent, avec l'entrée de Guillaume.

Nous rencontrons ensuite Faure : à Amiens, pour une

séance de a Société Philharmonique ; aux obsèques d'Edouard Monnais, à Notre-Dame-de-Lorette, où il chante son *Pie Jesu*, d'un caractère si religieux ; chez la duchesse de Galiéra, où il fait entendre une mélodie de sa façon, avec violon (Sivori) et orgue, sans doute l'*Ave stella ;* aux Tuileries et à l'Hôtel de ville où il chante avec Mlle Nilsson des pages d'*Hamlet ;* chez la princesse Mathilde, où on l'applaudit, une fois de plus, dans certain duo de Vivier, où sa voix alterne avec l'instrument si velouté de l'admirable corniste ; à la chapelle des Tuileries, le Jeudi saint, pour l'exécution d'un *Stabat* composé de morceaux de Rossini, de Mozart, de Sacchini, de Pergolèse, Haydn, Cherubini ; et au Cirque d'hiver, le Vendredi saint, où il dit un *O fons pietatis* de Haydn, et, avec Mme Nilsson encore, des fragments du *Stabat* de Rossini et du *Tannhæuser* de Richard Wagner (Invocation à l'Étoile et prière d'Élisabeth) ; au Conservatoire (le 28 mars) toujours avec Christine Nilsson, dans la première exécution de plusieurs parties d'un nouvel opéra inédit du duc de Massa : *Dante*, où il il tenait la partie du poète, qui ne manquait ni de grandeur ni de vérité scénique ; enfin, au Panthéon, le 7 mai, où Pasdeloup, comme inauguration d'une « Société des Oratorios » dirigeait *la Passion selon saint Mathieu* de Bach, et où notre grand artiste, son fidèle collaborateur dans ces manifestations si méritoires, chantait la partie de Jésus. « Tâche lourde mais glorieuse », à laquelle une voix splendide et un art consommé ne suffisent pas, mais qui exige un style, un tact — sacerdotal en quelque sorte —, et « que seul il pouvait remplir dignement. »

Hamlet est peut-être le principal des titres de Faure à l'exceptionnelle renommée qui s'attache à son souvenir. Non pas tant parce qu'il y trouva l'occasion d'un emploi plus complet de toutes ses facultés, que parce que jamais personnage ne fut plus absolument sa « création », ne lui dut plus de caractère et de vie. Sans cette collaboration incomparable, on se demande, ou plutôt on imagine assez facilement à quelle banalité eût risqué d'être réduit ce rôle d'ailleurs écrit d'abord pour ténor, et, avec lui, la partition même, qui doit surtout à son exemple — et l'émulation de ses successeurs — d'être encore aujourd'hui au répertoire.

On en eut tout de suite l'impression très nette, — comme, d'ailleurs, pour la grande artiste qui évoquait auprès de lui Ophélie, Christine Nilsson. Ambroise Thomas avait eu vraiment toutes les chances. Ce n'était pas assez que, dans son audace à aborder une œuvre aussi Shakspearienne, il eût le bonheur de rencontrer pour son héros un interprète aussi compréhensif comme musicien et comme comédien, il bénéficiait encore, pour le principal de ses rôles féminins, d'une nature artistique non moins originale, qui apportait à l'évocation de son personnage une sorte d'audace fascinatrice, de poésie mystique et légendaire, dont jamais, depuis, la séduction toute spéciale ne s'est retrouvée. Aussi bien, cette Ophélie-là dépassait l'Ophélie originale, c'est incontestable. Hamlet restait l'Hamlet du poète, dans toute sa profondeur, dans toute sa fantaisie, dans toute sa vie morbide.

L'apparence de l'œuvre est partout gardée (dit Théophile Gautier) et Shakspeare, au fond, passe par intervalles dans une trouée de lumière. Si Hamlet n'y est pas tout entier, ce n'est pas la faute de Faure...

Il a regardé plus loin que la musique du compositeur (écrit un autre critique) : il a trouvé son diapason dans Shakspeare, et cherché l'esprit de la conception première dans les faits tragiques de l'action.

Conscience rare et passion tour à tour contenue et enfiévrée (dit un autre encore), il est touchant, poétique, résigné, terrible. Dans ce rôle qu'il aime et où il excelle, il se montre non seulement un grand chanteur, mais d'une fermeté, d'une sobriété que trop de virtuosité lui font perdre parfois; de plus, comédien remarquable, d'une ardeur toute shakspearienne.

On peut se rendre compte en lisant les critiques des journaux du temps, et mieux encore, en suivant la partition même, des impressions que Faure suscita de scène en scène, dès le premier soir.

Son entrée, absorbée, à pas lents, dans la salle laissée déserte par la Cour du nouveau roi, ses premières phrases, un récitatif comme il les disait si magistralement : « Vains regrets, tendresse éphémère... ! » firent courir un frémissement dans l'assistance. Déjà, tout entier, se dressait le personnage, et son unité de conception, parmi la trop facile banalité de ce qui l'entoure. Le serment prononcé, dans un phrasé superbe, au cours du duo qui suit, avec Ophélie, motif que le compositeur aura l'heureuse idée de faire, plus d'une fois, revenir, transporta de même. Mais surtout la scène de l'esplanade, qui est peut-être la plus belle inspiration de toute l'œuvre : sobre, âpre, vraiment neuve et originale, autant dans les sonorités de l'orchestre que dans celles de la voix, Faure y trouvait l'occasion d'une vérité d'accent toute particulière, la scène n'étant ni mélodique, ni récitante à proprement parler, mais d'une expression tragique soutenue.

Même impression encore, dans un genre tout autre, avec la scène des comédiens, fantaisiste et incisive à la fois. Une boutade la précède, destinée à donner le change au souverain soupçonneux. Hamlet la lance comme en le surveillant du coin de l'œil, et Faure semblait jouer à plaisir avec cette apparence de folie naissante. Il avait une façon à lui de poser une note de tête, originale, hardie, exquise, dans son souhait de voyage « au milieu des étoiles, au milieu des éclairs ! » Avec les comédiens, le sérieux revient, mais rapide, comme pressé de se dérober, et la chanson bachique, où peut-être il va plus loin qu'il ne voudrait, redonne au prince son caractère inquiétant. Ici encore, Faure excellait à détailler ces nuances, et sa voix, comme en se jouant, trouvait vingt façons de se modeler à leur profit.

Puis c'est la scène de fièvre et de désordre peut-être apparent où Hamlet guette, aux pieds d'Ophélie, l'attitude du Roi devant la pantomime qui retrace son crime. La façon dont il la comprenait est restée traditionnelle. Faure, après avoir saisi, comme par jeu, l'éventail d'Ophélie, s'en servait pour suivre, de plus en plus près, en rampant, les impressions reflétées par le visage royal, puis le brisait entre ses doigts crispés et bondissait en en jetant au loin les débris avec un strident éclat de rire... La jeunesse dont il faisait preuve (on l'admirait encore douze ans plus tard) surprenait autant que sa vigueur dans l'écrasant final qui suit.

Le monologue qui ouvre le troisième acte est encore un de ces récits mesurés auxquels l'artiste donnait une couleur incomparable ; mais l'autorité avec laquelle il menait le trio : « Allez dans un cloître !... » et la scène avec sa mère, illuminait en quelque sorte un talent de tragédien presque nouveau. Un soir, un autre Hamlet, qui se trouvait dans la salle, Ernesto Rossi, observant la façon dont il regardait Ophélie, avec une fixité menaçante, comme s'il avait devant les yeux, non plus elle mais l'infâme Polonius, puis, plus tard, son mélange de tendresse et d'indignation, de respect filial et de fureur vengeresse, en face de la Reine, courut à lui, l'acte achevé, plein d'enthousiasme. Ce fut, pour Faure, l'occasion d'un joli geste ; car on relevait justement le rideau devant les acclamations du public, et il en profita spontanément pour entraîner avec lui le grand tragédien italien et lui donner l'accolade.

Reste la scène des fossoyeurs, et l'arioso, généralement coupé aujourd'hui : « Comme une pâle fleur... » Faure le disait « adorablement », cela va sans dire. Mais, d'une façon générale, on admira, plus que jamais, avec quelle facilité il soutenait jusqu'au dénouement un rôle aussi écrasant. « Toujours en scène pendant quatre actes, quel est l'athlète, excepté lui, capable de soutenir une aussi lourde tâche? » — C'est que, maître absolu de ses moyens, il savait leur donner le maximum d'effet avec le minimum d'effort. Jamais, semblait-il, sa voix n'avait eu une aussi séduisante douceur, une pareille pureté, son chant une couleur aussi variée, son phrasé une plus grande simplicité avec plus d'ampleur, son articulation une netteté plus légère et plus vigoureuse tout ensemble, telle que, dans les plus délicates nuances, les demi-teintes les plus enveloppées, on ne perdait une syllabe, si loin qu'on fût placé. Comment s'y prenait-il? C'était son secret, qu'on ne semble guère avoir retrouvé...

Son succès avait aussi son caractère spécial. Celui de Christine Nilsson tenait du délire, après la scène de la folie, dont elle faisait quelque chose d'inouï. Celui de Faure évoquait la satisfaction qu'on éprouve à une impression complète, achevée : il était plus discret mais de tous les instants, « pour une phrase, pour un mot, pour un geste ».

C'est le 9 mars 1868 qu'*Hamlet* avait vu la rampe. Il fut joué 58 fois au cours de cette année. Seule, jusqu'à présent, *l'Africaine* avait dépassé ce chiffre. Encore les représentations furent-elles interrompues par le départ de Mlle Nilsson qui, elle, n'avait pas renoncé à la saison de Covent-Garden.

On profita de cette absence pour reprendre *Don Juan*. On fit reparaître également, mais plus tard, *les Huguenots* et *Guillaume Tell*. Cette dernière œuvre eut même une soirée particulièrement solennelle et émouvante : celle qui fut donnée en l'honneur de Rossini, presque au lendemain de ses obsèques.

L'illustre maître était mort, en effet, le 13 novembre. Au service, simple mais très musical, qui fut célébré en l'église de la Trinité, Faure, bien entendu, prit son rang parmi les plus grands artistes de l'Opéra et des Italiens. Il chanta le *Pro peccatis* du *Stabat*, avec les paroles *Quid sum miser* de la Messe des Morts, et la prière de *Moïse* sur celles de l'*Agnus Dei*. Pendant le cortège, il tint un des cordons du poële avec Duprez et Tamburini. Au cours de la représention de *Guillaume Tell*, un ensemble, sur des paroles appropriées, fêta la mémoire du maître disparu, autour de son buste environné de fleurs et de lauriers.

Si fructueux qu'eût été pour l'Opéra le succès d'*Hamlet*, il devait être dépassé, l'année suivante, par la mise de *Faust* au répertoire. Donnée pour la première fois le 3 mars 1869, l'œuvre de Gounod n'obtint pas moins de 72 représentations dans les dix mois; et nous savons de quel succès sans égal, unique, ce premier élan devait être suivi. Il était, ici, d'autant plus remarquable, en somme, qu'un autre, presque aussi franc, le précédait depuis dix ans sur la scène du Théâtre Lyrique. Mais l'attrait de cette « transposition » dans un cadre plus vaste, la curiosité d'une présentation luxueuse, enfin l'intérêt d'une interprétation particulièrement neuve, firent ce que la partition seule n'eût peut-être pas obtenu. Et tel devint le bonheur de l'œuvre que, désormais, nous ne l'avons que trop vu depuis, quels que devinssent et cette mise en scène et cette interprétation, l'effet resta le même sur un public dont le siège était fait à jamais : *Faust* était « consacré ».

A vrai dire, l'une et l'autre avaient été discutées. Mais n'était-ce pas une chance de plus ? On regretta l'effet d'intimité produit, dans leur premier cadre, par certaines finesses de la partition... ; mais d'autres scènes prirent ici une ampleur insoupçonnée. On déplora que le demi-caractère de cette musique, accentué par son mélange de chant et de parlé, eût disparu au profit d'allures nouvelles de grand opéra... ; mais Gounod avait donné à ses récitatifs une saveur qui rehaussait souvent, au contraire, la vérité de ses pages mélodiques. On jugea que Christine Nilsson évoquait plutôt la Marguerite de Gœthe que celle de Gounod incarnée avec une grâce sans égale par Mme Miolan-Carvalho. En revanche, on insinua que Faure s'éloignait singulièrement du personnage imaginé par le poète, et que son Méphistophélès était bien grand seigneur !...

De fait, pour ne parler ici que de lui, Faure avait conçu le rôle de la façon qui convenait le mieux à ses goûts et son tempérament : nous l'avons déjà fait remarquer, puisqu'il l'avait interprété, avec un succès unanime, sur la scène de Covent-Garden. Mais cette conception, si elle s'éloignait de celle de Gœthe, répondait mieux que toute autre à celle de Gounod, et d'abord, à celle de Jules Barbier et Michel Carré, les adaptateurs français du drame original, et seuls responsables. Ce Méphistophélès-là ne prend jamais, avec Faust, des allures de philosophe sceptique ou de railleur impudent. C'est par des mirages de beauté qu'il prétend le séduire. Aussi se présente-t-il surtout comme un dilettante élégant et sensuel ; son sarcasme est ironique ; il y a de la fatuité dans ses gestes dédaigneux, un sourire supérieur dans ses insinuations perverses ; il est « un vrai gentilhomme », et seule, la pureté instinctive de la pauvre Marguerite peut avoir peur de lui : il est fatal mais il s'amuse et veut amuser.

Un critique anglais louait l'artiste de mettre en valeur deux faces essentielles de ce caractère : il est *fascinateur*, car il prend constamment l'allure qui convient le mieux pour convaincre et empaumer Faust ; mais il *défie*, du moment qu'il reste lui-même : dans la scène des épées, il montre sur son visage, avant de l'avoir vue, l'effet produit sur lui par la croix... ; puis il la brave.

Dira-t-on qu'en rendant Méphistophélès sous ces divers aspects, Faure ait donné le change sur le personnage ? Bien au contraire, sa « création » est la preuve de l'observation la plus exacte, et du type mis à la scène et du rôle chanté. — Ce qui est plus juste, et ce qu'a très bien reconnu Théophile Gautier, par exemple (dans son article du *Moniteur*), c'est que plus le Méphistophélès de Gounod est supérieur et de grande allure, plus son Faust devient médiocre et pâle. A peine vit-il par lui-même ; il semble qu'avec la jeunesse, l'ironique tentateur ait encore donné au philosophe averti de la veille toute la gaucherie d'un vrai débutant. C'est ici, à coup sûr, la grande erreur du *Faust* français ; mais nous n'avons, pour l'instant, que Méphistophélès à envisager ; et, tel quel, toute interprétation qui le met en relief relève en même temps l'opéra.

Voici, au surplus, les termes de la critique de Théophile Gautier.

C'est un diable de haute et grande mine que Faure ; il appartient visiblement à l'aristocratie des mauvais esprits et doit siéger au premier rang du Pandemonium. On sent en lui de l'Ange rebelle. Il a dû être un des complices de la révolte suscité par Lucifer, et sous son pourpoint rouge il doit garder encore la cicatrice fumante du coup de foudre qui l'a précipité du ciel. Involontairement, au diable railleur et sceptique de Gœthe, Faure mêle quelque chose de l'archange de Milton. Devant ce démon si altier, si grand seigneur, espèce de Titan vaincu, mais qui a risqué l'escalade des cimes supérieures, le Faust de l'Opéra a l'air embarrassé et timide du jeune écolier que reçoit Méphisto remplaçant le docteur et qui sort de cette consultation ironique en disant : « Il me semble qu'une roue de moulin me tourne dans la tête. » ...Le démon avec qui il a fait un pacte, et qui devrait être son esclave, le mène haut la main et d'un air dédaigneux de grand seigneur satanique.

L'année suivante, à l'occasion d'une reprise, le grand écrivain remarquait encore :

Il joue peut-être Méphistophélès trop en Lucifer, en ange déchu et fatal. Méphisto n'est pas un prince de l'Enfer ; tout au plus a-t-il le titre de baron pour pouvoir aller dans le monde. Il est cynique, d'ailleurs, impudent. Il y a chez lui du faquin et du drôle ; rien de plus contraire à la poésie que son tempérament froid et négatif ; malgré tout son esprit, il a quelque chose de bestial, et son maillot rouge enveloppe un sabot de centaure. Comme l'illustre chanteur le représente, il serait capable de séduire Eloa et ne saurait faire éprouver à la pieuse Gretchen l'horreur instinctive qu'il lui inspire dans le *Faust* de Gœthe.

Le succès du chanteur fut, on le pense bien, hors de conteste. Toutes les ressources de cette voix si souple, mordante et charmeresse tour à tour, contribuaient à donner un attrait singulier aux moindres passages du rôle. C'est la fastueuse apparition du début devant le vieillard las de la vie ; c'est la sarcastique ronde du veau d'or, qui sonnait en fanfare, et l'audacieuse attitude devant la croix des épées qui le menacent... C'est la scène du jardin, où le jeu de Faure, sa désinvolture spirituelle avec Dame Marthe, son geste souverain lorsqu'il évoque les capiteux parfums des fleurs, sont restés célèbres... C'est la scène du duel, avec la sérénade goguenarde et la froide ironie qui brave, domine, exécute l'imprudent Valentin... C'est enfin la scène de l'église, la plus belle de toutes, peut-être, et à laquelle il donnait un caractère qu'on n'a jamais revu depuis : tout l'effet était dans la voix... Pas un geste inutile... une immobilité implacable jusqu'à la dernière malédiction du démon, qui, alors, semble « se grandir comme pour saisir sa proie » — selon une heureuse expression de M. Adolphe Jullien.

L'objection la moins fondée que l'on rencontre, à cette nouvelle incarnation de Faure, a trait à la tessiture du rôle.

Certains critiques eussent voulu qu'il eût eu pour interprète une basse profonde, Obin ou Belval... C'est pour le coup que le personnage eût paru « sinistre » en effet ! Mais leur prétention était un peu tardive. Balanqué, à qui Gounod l'avait confié, en 1859, au Théâtre Lyrique — entre le Comte des *Noces de Figaro* et Amgiad, de *la Statue* — était à peine une basse chantante.

Une grande douleur endeuilla les mois qui suivirent ce nouveau triomphe : Faure perdit sa mère, et nous savons à quel point il l'aimait. Elle s'éteignit au mois de juin, à Chatou, où les camarades de l'artiste voulurent contribuer de leur talent à la solennité des obsèques. Lui-même, très ébranlé, ne tarda pas à aller se reposer à Luxeuil, et ne rentra à l'Opéra qu'au mois d'août (dans *Guillaume Tell*).

Il faut cependant placer ici une petite fugue à Bade, quelques semaines plus tard. Faure y joua *Faust* avec Christine Nilsson, prit part, entre elle et Marietta Alboni, à un grand concert, enfin chanta, sous la direction de Félicien David, *Christophe Colomb*, l'ode-symphonie de ce maître, un peu oubliée depuis 1847. L'audacieux marin n'y prend du reste qu'une part assez secondaire, au prix de celle des chœurs et de l'orchestre.

A l'Opéra, où Mme Carvalho était venue, à son tour, reprendre son personnage de Marguerite, le directeur Perrin avait songé un moment, paraît-il, à monter *les Noces de Figaro*, pour profiter d'elle, l'inoubliable Chérubin du Théâtre Lyrique, et de Faure, que nous avons vu y obtenir tant de succès, à Londres, sous la résille de Figaro. Le projet n'eut pas de suite, et l'on se borna, avec l'hiver, à des reprises de *la Favorite* et de *Don Juan*. Faut-il encore citer les journaux, au sujet de « cette voix aussi puissante que gracieuse », de « ce style large et pur, savant et coquet », de « cette virtuosité exquise », de « ce sentiment, ici plein d'amertume concentrée, là admirable d'élégance distinguée... » — Dans *Don Juan*, c'est Mme Carvalho, cette fois, qui incarnait Zerline.

Les lendemains de *Faust* et d'*Hamlet* furent durs pour

l'Opéra. Peu de périodes ont aussi vides que celle qui précéda et suivit le terrible hiver de 1870-71. La saison qui s'achevait en 1870 ne mit au jour que le charmant ballet de *Coppélia.* Peu s'en fallut pourtant que la suivante ne débutât en ouvrant une ère nouvelle et féconde, que nous devions attendre vingt ans encore : celle du répertoire wagnérien. On devait commencer par une reprise, une réhabilitation de *Tannhaeuser*, et déjà les journaux donnaient comme distribution : Faure, pour le rôle de Wolfram, Colin (le Faust d'alors) pour celui de Tannhaeuser, David, pour le Landgrave, Marie Sass pour Élisabeth, Julia Hisson pour Vénus et Mlle Arnaud pour le pâtre... Il est d'autant plus admissible que Perrin y ait songé en effet, que son principal pensionnaire avait déjà, nous l'avons vu, chanté un important fragment de l'œuvre et devait par la suite (jusqu'en 1888) le maintenir aux programmes de ses concerts.

Bien plus, — le souvenir s'en est perdu aujourd'hui, — c'est à lui que devait être confiée la création de l'œuvre en 1861, si les pourparlers alors en cours au sujet de son engagement à l'Opéra n'avaient subi une interruption. Et déjà, — lui-même l'a raconté, — il avait été, maintes fois, étudier le rôle de Wolfram avec Richard Wagner, dans le petit hôtel que le maître occupait alors rue Newton, près de l'Étoile.

Il est superflu d'insister sur ce qu'un artiste comme lui a perdu à la proscription momentanée des chefs-d'œuvre de Richard Wagner, ...et nous aussi ! Quel superbe Wotan, quel délicieux Hans Sachs il eût été ! Mais, sans aller si loin, quel délicat, quel affectueux Wolfram, si noble, si pur, soit dans la scène du Concours des chanteurs, soit lorsqu'il entoure Tannhaeuser de sa sollicitude anxieuse, soit pour s'associer, dans le soir qui tombe, à la prière d'Élisabeth mourante !...

Revenons au début de l'année 1870, toujours partagée entre *Hamlet* et *Faust*, *les Huguenots* et *Guillaume Tell.* Parmi les concerts auxquels il prit part, on citera, le 22 mars, dans la salle même de l'Opéra, le grand festival dédié à la

Guillaume Tell, rôle de Guillaume Tell.

mémoire de Berlioz, qu'avait organisé et que dirigea Ernest Reyer : Faure y chanta un duo de *l'Enfance du Christ*, avec Mme Carvalho, le quintette et le septuor des *Troyens*, avec Mme Charton-Demeur, Villaret, MMmes Carvalho et Gueymard... ; enfin l'air de Méphisto dans *la Damnation de Faust :* « Voici des roses... » qui fut bissé d'enthousiasme.

Il est intéressant, à ce propos, de noter la façon dont il rendait cette page si souvent chantée depuis, et toujours avec le plus de suavité possible, comme si Méphisto, plus sentimental que Faust lui-même, prenait au sérieux les douces paroles dont il berce son sommeil. Faure la disait « avec une incisive âpreté », et certes, il avait raison contre tous : c'est bien l'ange du mensonge qu'il évoquait alors. « Gœthe, s'il l'avait entendu, aurait retrouvé son esprit, dans cette interprétation vraiment romantique, comme dans les lithographies d'Eugène Delacroix. » — C'est Théophile Gautier qui parle ainsi.

Parmi les soirées plus restreintes, officielles ou mondaines, on notera un concert à la Cour, avec divers artistes de l'Opéra et les chœurs. Puis une soirée chez M. Debrousse, où Faure chanta le premier duo du *Barbier de Séville*, en italien, avec Bettini, l'air du *Siège de Corinthe*, *le Vallon*, de Gounod, page admirable qu'il dut bisser ; puis encore son propre hymne *Sancta Maria* (« J'ai vu les Séraphins... ») sans oublier le sextuor de *Lucie de Lamermoor* et le quintette de *Cosi fan tutte*, enfin la prière de *Moïse*. Et encore, avec l'orchestre du Conservatoire, un concert au ministère de la Marine, où on l'entendit dans le duo de *Don Pasquale*, avec Christine Nilsson, celui du *Barbier*, avec Gabrielle Krauss, le trio du *Mariage secret*, avec l'une et l'autre, et, pour lui-même, un air des *Noces de Figaro* et la romance de *Joconde*. Quelles séances !

Voici maintenant deux « créations », de concert encore. La comtesse Perrière-Pilté offrit à ses invités, en son hôtel, un opéra de sa façon : *la Dryade*, qui fut apprécié par son caractère et sa couleur et où Faure tenait la principale partie. Enfin, à l'Opéra, un peu plus tard, à l'occasion d'une soirée au bénéfice de Christine Nilsson (et dont elle consacrait le montant à l'Association des artistes musiciens), le compositeur anglais Julius Benedict vint diriger sa cantate : *la Légende de Sainte-Cécile*, et Faure prit encore, aux côtés de l'exquise artiste, sa part de l'exécution, comme il parut ensuite dans les actes de *Don Juan* et de *Faust* les mieux choisis pour le faire valoir.

C'est ensemble encore que le public londonien put les applaudir, cette année, car Faure avait repris sa liberté ; mais ce n'est plus à Covent-Garden, c'est à Drury-Lane qu'il rejoignit, vers le milieu de mai, sa camarade. Avec elle il reparut dans *Fáust* et *Don Juan*, mais encore, ce qui nous retient davantage, dans *Otello*, *les Noces de Figaro* et même *Mignon*.

Faure ne semble pas avoir songé, jusqu'à présent, au rôle, peu attirant en soi, d'Iago dans l'opéra de Rossini. La composition du personnage avait cependant de quoi le tenter. Si son importance lyrique est médiocre, l'expression, à peine indiquée mais qu'il faut qu'on sente, de ses sentiments secrets, de son hypocrisie supérieure, de sa haine inventive et souriante, comme amusée... tout contribue à rendre l'étude intéressante pour un artiste évocateur, et celui-ci en fit une figure inoubliable : On y devinait une sorte de dilettantisme du mal, non plus dédaigneux et ironique comme celui de Méphistophélès, mais corrupteur et distillé comme un poison lent. Musicalement, le rôle se réduit à deux scènes, l'une avec Rodrigo, l'autre avec Otello ; mais celle-ci est d'un relief extrême.

Mignon était une nouveauté pour Londres. Ambroise Thomas avait d'ailleurs donné à son œuvre, en vue de cette version italienne destinée à toutes les scènes étrangères, un élément inédit ; les récitatifs qui remplacent le parlé. Elle n'y gagne certes pas, et des critiques en firent même la remarque ; mais il était impossible d'agir autrement. Les rôles de Lothario et de Mignon ne comportent d'ailleurs que fort peu de dialogue proprement dit, et c'est uniquement par leurs duos si touchants, celui des hirondelles, celui du parc, que Faure et Mlle Nilsson pénétrèrent d'émotion leurs auditeurs. On peut imaginer facilement, d'autre part, quelle ampleur limpide Faure donnait à ces nobles récitatifs : « Fugitif et tremblant... » ou « Viens, la libre vie est douce !... » — quelle délicatesse à la berceuse : « De son cœur j'ai calmé la fièvre... » — quelle variété et quel pathétique à toute la scène où le vieillard, à évoquer devant Mignon d'antiques souvenirs, retrouve en elle sa fille perdue, qu'il avait tant cherchée.

Notre artiste chanta encore *les Huguenots* au cours de cette saison (toujours Saint-Bris), mais avec Mme Barbot. Quant à sa rentrée à Paris, vers le 22 juillet, elle devait coïncider avec une reprise de *l'Africaine* ; on l'attendait pour cela... Mais des événements d'une gravité insoupçonnée allaient tout arrêter. Déjà, à cette date, tous les esprits étaient tournés du côté de l'Allemagne... pour des victoires nouvelles, si l'on en jugeait par l'enthousiasme général. *La Muette de Portici* avait, en hâte, été reprise, et Marie Sass y avait paru, après le chœur de la prière, en tunique blanche, le manteau orné d'abeilles d'or, le drapeau à la main, pour chanter *la Marseillaise*, dont l'effet avait été prodigieux. Sitôt Faure de retour, c'est-à-dire dès la seconde soirée de l'œuvre d'Auber, le public voulut aussi l'entendre de sa bouche, et l'artiste la répéta après sa camarade. Il eut seulement l'idée, comme avait fait jadis la grande Rachel, de chanter le dernier couplet un genou en terre et enveloppé dans les plis du drapeau national. Ce soir-là, Duprez, qui se trouvait dans les coulisses, tint à prendre sa part de la reprise du motif et se glissa parmi les choristes. « Il est difficile de se figurer la physionomie de ces soirées si l'on n'y a pas assisté » conclut la Revue et Gazette musicale.

Les spectateurs, dans leur enthousiasme, avaient aussi réclamé *le Rhin allemand*, d'Alfred de Musset. Léo Delibes se hâta de le mettre en musique, avec chœur ; mais dès qu'on sut l'œuvre en répétition, on n'eut de cesse de l'entendre, telle quelle. *La Marseillaise*, que Faure maintenant, chantait à chaque représentation, ne suffit plus : devant le tumulte, on dut offrir au public de le faire assister à la répétition qui devait suivre le spectacle. Les chœurs se groupèrent, Faure prit le manuscrit en main, et chacun déchiffra de son mieux, aux applaudissements de la salle enfiévrée...

Hélas ! on était aux premiers jours d'août 1870... Un mois plus tard, devant le deuil national, l'Opéra fermait ses portes.

Aussi longtemps qu'il l'avait pu, Faure avait payé de sa personne. Puis sa fatigue était devenue telle, qu'il avait dû, presque aphone, s'arrêter enfin. En dépit de son art et de sa méthode, l'incessante répétition, à plein cœur, et partout, de la *Marseillaise* et du *Rhin allemand*, avait eu raison de son robuste organe.

C'est à Bruxelles, quelques mois plus tard, que nous le retrouvons ; dans des concerts d'abord, puis des représentations de bienfaisance, enfin des soirées régulières au Théâtre royal de la Monnaie. Il avait été engagé avec MM[mes] Carvalho et Rosine Bloch, son répertoire comprenant : *La Favorite*, *Guillaume Tell*, *Faust*, *La Muette* et *Don Juan*, mais aussi de nombreux airs ou mélodies. L'effet produit par ces artistes fut d'autant plus vif que les applaudir était aussi manifester pour le pays qu'ils représentaient.

Faure donna aussi des concerts de bienfaisance à Lille, à cette époque, et se fit entendre à Mons, à Liége, à Anvers...

Au printemps de 1871, il avait repris sa place à Covent-Garden et ajouté un nouveau rôle à ceux de son répertoire (*Don Juan*, *les Noces de Figaro*, *Les Huguenots*, *Guillaume Tell*, *Faust*) ; il avait enfin paru dans *Hamlet*.

L'œuvre, dont on était impatient à Londres, avait, en effet, été créée sans lui sur cette scène, dès 1869. Malgré le talent du grand baryton anglais Charles Stanley, véritable émule de Faure, le public était très curieux de connaître l'interprétation de celui-ci dans ce personnage en quelque sorte national. L'admirable artiste, piqué d'honneur, s'y surpassa, déclarent les critiques, trouvant d'ailleurs, dans le texte italien, l'occasion d'effets nouveaux, d'une sonorité charmeresse ou d'un mordant plein de couleur.

En rentrant à l'Opéra, au mois de novembre, il eut l'impression d'un avenir comme chargé de nuages. D'abord, il y trouvait un nouveau directeur qui venait du Grand Théâtre de Lyon, Halanzier, dont il devait avoir si peu à se louer par la suite, bien que celui-ci eût commencé par multiplier les démarches pour l'attirer. Ensuite, il ne pouvait ignorer qu'une partie des habitués était résolue à lui faire sentir que sa longue absence de Paris avait été mal vue. (Qu'y eût-il-fait ? Divertir ces habitués ?). Aussi avait-il choisi le rôle de Don Juan, où il se savait irrésistible et qu'il chanta avec une émotion intérieure qui en doublait la saveur. On ne se laissa complètement convaincre qu'à la Sérénade ; mais sa victoire n'en fut que plus éclatante, et la soirée aboutit dès lors à une suite d'ovations. On déclara que Faure avait « épuisé l'éloge », et il fallut continuer, devant des salles combles, toute une série de représentations du chef-d'œuvre de Mozart. — Il chanta aussi *la Favorite*, quelques soirs.

Il fallut pourtant, avant la fin de l'année, le laisser partir pour Bruxelles, où l'appelait la suite de son dernier engagement. On l'y applaudit dans cette même *Favorite*, dans *Guillaume Tell* (où le suppléa le jeune Lassalle, lauréat récent de notre Conservatoire et qui préludait ici à sa brillante carrière), et *Hamlet* dont la première représentation devant la Cour fut un long triomphe, à la fois, pour le musicien et pour son interprète. — Ambroise Thomas, en effet, était venu lui-même monter son œuvre. L'Ophélie était Mlle Sessi, naguère aux Italiens de Paris et de Londres. Quant à Faure, un journal dit : « Il y a du génie dans cette incarnation, et il y faut une intelligence supérieure, un cœur haut placé ! » Ce qui n'est pas mal jugé !

Il participa également à plusieurs concerts publics, où il

fit entendre, notamment, un air de *Paulus* de Mendelssohn : « Jérusalem !... », arrangé pour lui par M. de Hartog avec instruments, et qu'il dut encore dire le soir de sa dernière représentation. Avant son départ, c'est-à-dire au début de février 1872, et pour l'attacher davantage à la ville hospitalière qui lui avait témoigné tant de sympathie, le directeur du Conservatoire, Gevaert, le fit nommer inspecteur des études du chant dans cet établissement. Faure se refusait à donner des leçons directes, mais cette mission de haute surveillance lui plut, et il la remplit quelques années avec intérêt. Cette même année, en allant en Angleterre et en en revenant, il passa par Bruxelles, soit pour inspecter les classes lyriques du Conservatoire, soit pour assister aux Concerts qu'y dirigeait Gevaert. — Il avait de même accepté, à Paris, en octobre 1871, lors du remaniement général des comités d'études du Conservatoire de Paris, de faire partie de celui d'examen pour le chant, et il y resta jusqu'en 1878.

C'est encore sous l'aspect de Don Juan qu'il reparut devant le public parisien ; puis dans *la Favorite* et surtout *Hamlet*, solennellement repris pour les débuts de Mlle Sessi. Mais Londres le rappela vite. Aussi bien s'y plaisait-il particulièrement. Il y trouvait vraiment les plus hautes satisfactions qu'artiste puisse ambitionner, non seulement par l'attrait d'un répertoire et d'une langue infiniment favorables à sa passion du beau chant, mais par la façon exceptionnelle dont il était accueilli dans le monde et à la Cour.

L'ouverture de la saison eut lieu avec *Faust*, *Les Huguenots*, *Les Noces de Figaro*... Dans ce dernier chef-d'œuvre, c'est Pauline Lucca, cette fois, qui incarnait Chérubin ; Mlle Sessi était Suzanne et Mme Carvalho la Comtesse. Puis vinrent *la Somnambule*, avec Adelina Patti, *la Favorite*, *Hamlet*, et une reprise de *l'Étoile du Nord*, toujours avec la Patti. Enfin, une remise à la scène du *Freischütz*, qui ne semble pas avoir beaucoup marqué, mais où Faure incarna pour la première fois le sceptique et farouche Gaspard, auprès de Pauline Lucca, émouvante Agathe. On s'étonne de ne rencontrer qu'à cette date, dans la carrière de l'artiste, et pour quelques soirs, ce ténébreux personnage, qui a tant de caractère et auquel il dut donner une si âpre et mordante expression. L'Opéra de Paris, il est vrai, avait longtemps délaissé ce chef-d'œuvre, mais il venait, en 1870, d'en faire une reprise, dont Faure aurait heureusement relevé la médiocrité. Peut-être y puisa-t-il l'idée des représentations de Londres ; car, là non plus, l'ouvrage n'était pas souvent donné, bien que Weber lui-même, à la veille de sa mort, l'y eût porté en scène, et dirigé. Le chanson à boire, la victoire du tir, l'air où Gaspard invoque les puissances infernales, enfin toute la scène de la fonte des balles, avaient certes de quoi tenter son goût du pittoresque et de la variété.

Mais ce n'est pas tout, et le programme de cette saison déjà si chargée comportait encore une première représentation : celle d'un opéra écrit par un jeune compositeur brésilien, Carlos Gomès, élève du Conservatoire de Milan, et donné récemment, avec succès, dans cette ville et d'autres, d'Italie : *Il Guarany*. — L'action se passe au Brésil, pendant les premiers temps de l'occupation de ce pays par les Portugais. Un noble Portugais et sa fille sont en butte aux menées perfides d'aventuriers espagnols et y succomberaient sans l'adresse et la valeur d'un chef indigène, de la tribu des Guaranis, qui les a pris en affection et les protège. Sujet anecdotique, mais à situations attachantes, musique de bonne école sinon originale, l'œuvre ne retrouva pas à Londres son succès italien. C'est l'interprétation surtout qui fut applaudie. Faure y tenait le rôle qu'avait créé à Milan Victor Maurel, alors à l'aube de sa brillante carrière, et Mlle Sessi celui de Marie Sass.

On craignait de plus en plus, à Paris, que le grand artiste acceptât les offres qui, de tous côtés à la fois, essayaient de le tenter. Mais, quoi qu'on ait dit souvent, en concluant de la hauteur de ses prétentions à un esprit avide et intéressé, nul ne se laissa moins guider, dans sa carrière, par la séduction du bénéfice dans ses engagements. Il tenait à chanter où il lui plaisait, et ni Saint-Pétersbourg ni Milan ni l'Amérique même, ne pesèrent un instant dans la balance de ses convenances. Si le directeur de l'Opéra avait témoigné plus d'égards à son pensionnaire, Faure serait à coup sûr resté bien des années encore sur la scène.

Sa rentrée à l'Opéra eut lieu, une fois de plus, dans *Don Juan* et, nous disent les journaux, « l'ovation enthousiaste du public impatient de revoir et d'applaudir son chanteur favori dura, pour ainsi dire, toute la représentation. » Un autre attrait fit apprécier cette soirée : Pédro Gailhard y remplissait pour la première fois le rôle de Leporello, qui est resté depuis l'un de ses meilleurs. Et nul, à coup sûr, comme voix, comme verve et comme goût, n'a paru s' « accorder », mieux avec un pareil Don Juan.

La fin de l'année ne fut d'ailleurs marquée que par une reprise d'*Hamlet*, avec Mme Fidès Devriès dans Ophélie ; mais aussi par les répétitions d'une œuvre nouvelle, la dernière « création » de Faure et qui, vraiment, ne dut qu'à lui son éphémère succès : *La Coupe du Roi de Thulé*, d'Eugène Diaz.

La représentation en était le résultat d'un concours, et aurait dû avoir lieu depuis longtemps sans la guerre et le changement de direction de l'Opéra. En 1867, le Ministre des Beaux-Arts avaient institué un triple tournoi à l'Opéra, à l'Opéra-Comique et au Théâtre Lyrique, avec, pour chacun, un livret imposé. Le procédé est assez étrange et aboutit surtout à produire des stocks de musique inutile : telle une composition d'écoliers dont toutes les copies, sauf une, seraient ensuite jetées au panier. Il attire cependant, par les chances qu'il fait courir ; et de fait, le poème de Gallet et Edouard Blau ne fut pas traité par moins de 42 musiciens, parmi lesquels Massenet, Guiraud, Théodore Dubois. Était-il donc si séduisant ? Oui, peut-être, pour des imaginations d'artistes avides de réaliser leur rêve ; mais, légende féerique bien plus qu'opéra, il répondait mal au but de ce concours *théâtral* et laissait au vainqueur même peu d'espoir d'une vraie réussite sur la scène.

Le Roi de Thulé est mourant; à qui remettra-t-il sa coupe, gage du pouvoir? A son ami Angus? Non, celui-ci l'a trahi, attiré par la belle Myrrha, que l'espoir de régner a elle-même poussée à tromper le vieux prince. C'est à son bouffon Paddock, à celui qui, seul, l'aime véritablement, que le Roi donne la coupe symbolique. Qu'en va faire Paddock?... En raillant les ambitieux qui l'entourent, il la jette brusquement dans la mer!

« Mon amour à qui la rapportera! » s'est écrié Myrrha. Et c'est le jeune pêcheur Yorick qui relève le défi. En vain, Paddock, son ami, l'a-t-il voulu raisonner sur ce fol amour; Yorick a plongé. Et nous voici au fond de l'eau, dans le royaume de la reine Claribel : tableau magique, occasion de danses enchanteresses, car la sirène voudrait retenir Yorick... Elle lui donne pourtant la coupe et le laisse partir, mais en promettant, s'il est en détresse, de lui prêter son pouvoir.

A la Cour, les ambitions vont leur train et Myrrha se désespère. Enfin, voici Yorick à ses pieds, la coupe à la main... Mais la perfide, une fois en possession du talisman, en gratifie naturellement Angus! — « Je n'ai plus qu'à mourir! » s'écrie le pêcheur atterré. « Non! lui répond Paddock, tu as mieux à faire »... Au moment où Angus et Myrrha montent sur leur trône, Yorick invoque enfin Claribel... ; la mer gronde, se soulève, emporte le palais et ses maîtres...

Il était nécessaire de donner un aperçu de ce poème, peu connu aujourd'hui, pour faire saisir l'importance qu'y put prendre la personne du bouffon Paddock. Était-elle tout d'abord telle? Un ouvrage en répétitions peut subir de faciles remaniements. Est-il vraisemblable que, sachant quel serait son interprète, Diaz n'ait pas cherché à mettre, de toutes façons, en valeur son précieux concours, ne lui ait pas ménagé des effets, n'ait pas tiré parti de sa collaboration? Il en fut, du reste, récompensé au delà de ses espérances. Grâce à Faure, Paddock fut quelqu'un. Ce fou fut le seul sage, ce bouffon fut le seul caractère du drame. Lui, du moins, avait une âme, et sincère ; il émouvait à force d'émotion.

Ironie et larmes, haine et amour, Shakespeare a évoqué de ces caractères aux mille nuances, et ce n'est pas un petit éloge que ce rapprochement ait pu être fait pour Paddock. Dès le début, nous le voyons raillant cruellement la fausse inquiétude des courtisanes devant cette agonie royale, qu'il pleure ensuite amèrement, lorsqu'il est sans témoins. Puis, c'est Myrrha elle-même, et Angus, qu'il tient en respect du haut de ses rires, lorsque la coupe est en ses mains, lorsqu'il la lance dans les flots... Mais la haine a pris le dessus, quand il voit Yorick risquer sa vie pour une perfide qui se moquera de lui, et que tous les courtisans affolés lui donnent comme un spectacle de leurs ambitions et de leurs jalousies aux prises...

Récitatifs largement expressifs, broderies légères et comme railleuses, au-dessus des ensembles, ariosos pénétrants et colorés, phrases mordantes ou tendres, notes suprêmes aux demi-teintes de caresse ou éclatant en fanfare..., ce bienheureux rôle offrait toute carrière au chanteur et au comédien. Faure était l'un et l'autre, et c'est peu de dire qu'il « eut les honneurs de la soirée » : elle n'exista que par lui, en dépit du caractère que donnait Rosine Bloch à la blonde Claribel, et du talent déployé par Mme Gueymard dans Myrrha. L'air qui ouvre le troisième acte, plus spécialement, fit impression. « Le grand artiste (dit un critique) le détaille avec les admirables souplesses d'une voix généreuse, avec une sensibilité profonde et un charme exquis, avec cet art des nuances qui sait si bien assortir toutes les couleurs du tableau musical. »

Les esprits chagrins lui reprochèrent cependant ce qu'ils appelaient sa partialité pour une œuvre médiocre. Critiques peu généreuses : tout son zèle pour la soutenir ne réussit pas à lui faire dépasser le chiffre de 20 représentations. Nous ne voyons que trop d'interprètes accentuer la débâcle d'un ouvrage en s'y faisant bien vite remplacer de peur de sombrer avec lui !

Cette année l'artiste s'était arrangé de manière à satisfaire à la fois Bruxelles et Londres. Il s'arrêta d'abord à Bruxelles au début d'avril pour *Hamlet* et *Faust*, avec un grand concert de charité ; puis y retourna à la fin du mois, pour joindre à ces œuvres *Don Juan* et *Guillaume Tell*. — A Londres, c'est par *la Favorite* qu'il débuta. Puis vinrent *Hamlet* avec Mme Albani, *Don Juan* avec la Patti, *Faust*, *les Huguenots*, *Freischütz*, *les Noces de Figaro* et enfin *l'Étoile du Nord*, qui clôtura la saison en juillet.

L'antomne, en le ramenant à l'Opéra, ne lui apporta plus guère, avec les dernières soirées de *la Coupe du Roi de Thulé*, qu'une reprise de *Don Juan*, qui fut soulignée par de nouveaux triomphes et des articles plus enthousiastes que jamais. — Nul rôle, en effet, où il soit plus complètement lui-même, et qui ressemble moins aux autres. Cette véritable incarnation donne aux récitatifs une légèreté charmante, une sorte de physionomie improvisée comme la vie même. Cette aisance, si désinvolte dans le badinage, ne le quitte pas jusque dans le tragique, où l'on sent bien que sa bravoure et son obstination sont le fond de son caractère : même lorsqu'il ne s'y applique plus, il séduit encore, d'autre façon, et c'est là tout Don Juan... Et tellement juste est l'effet, « c'est tellement *ça* », qu'on en excuse les petites additions qu'il se permet à la pure simplicité de Mozart...

Quelques jours après l'Opéra brûlait (29 octobre). La situation resserrée de la rue Lepeletier avait facilité le sinistre, autant que l'entassement des magasins de décors, d'accessoires, de costumes et d'instruments, dans des locaux trop restreints, avait grossi le chiffre des pertes. La nouvelle salle, celle qui fit la gloire de Charles Garnier et qui avait été commencée en 1861, était alors presque achevée : on ne pouvait échouer plus près du port ! Il n'y avait eu de sauvé que la partie de l'édifice qui longeait la rue Drouot et où était l'administration, ainsi que le foyer et diverses loges d'artistes (dont celle de Faure).

On hésita pendant quelques semaines sur le choix du

théâtre où pourraient reprendre, provisoirement, les représentations, et s'abriter l'énorme personnel ainsi chassé de chez lui. La salle Ventadour, celle du Théâtre Italien, fut finalement choisie : très centrale et commodément disposée, l'acoustique y était excellente. Ses proportions, il est vrai, étaient sensiblement moindres que celles de l'Opéra et l'on devait craindre que le répertoire, parfois, ne s'en ressentît. Mais on s'en tira très vite mieux qu'on n'espérait d'abord, en combinant des décors avec le magasin du Théâtre Italien, et,pour se donner le temps de se retourner, en prenant le parti de jouer les ouvrages par série : une ou plusieurs semaines de suite. Inutile d'ajouter qu'on mit à contribution, pour toutes les représentations, les artistes les plus capables d'attirer le public ; et Faure, tout le premier, qui jamais ne parut si souvent en scène.

La réouverture eut lieu le 19 janvier 1874, par ce même *Don Juan* qu'on venait de remonter et qui, justement, avait plutôt à gagner à paraître sur une scène réduite. *La Favorite* suivit, pendant une semaine également ; puis *Faust ;* puis *Guillaume Tell* toujours avec Faure, mais, cette fois, trois semaines de suite ; enfin *Hamlet*, dont l'incendie avait arrêté, au dernier moment la « centième », et pour qui on fit les frais de deux décors nouveaux. Ce répertoire, plus ou moins alterné, alimenta l'affiche jusqu'à l'époque de la saison de Londres, à laquelle Faure ne pouvait se soustraire ; mais il avait vraiment, à lui seul, « sauvé la situation ».

Sur cette scène italienne de Londres, il reparut dans son répertoire courant : *Hamlet*, *Don Juan*, *Faust*, *Mignon*, *Freischütz*, *Guillaume Tell*, *Somnambule*, *Huguenots*, *Étoile du Nord*. Inutile de nous y arrêter. La rentrée à l'Opéra, en septembre, valut encore à *Guillaume Tell* une série de représentations. C'était vraiment un de ses maîtres rôles, et, chaque fois qu'ils l'y revoyaient, après quelque intervalle de temps, les dilettantes et les critiques, dans leurs impressions échangées, semblaient le découvrir à nouveau. Cette fois, ce qui parut frapper avant tout, c'est l'extraordinaire vérité du jeu. C'est le relief et l'éloquence des moindres détails scéniques, des entrées, des sorties, des gestes, des silences mêmes. Quelle ampleur et quelle énergie dans l'action lyrique ! Quelle chaleur et quelle noblesse dans l'expression ! Quel caractère prennent, avec lui, le fameux trio et toute la scène qui le suit ! « Il nous tient tous sous son regard, sous sa main. Il devient l'âme visible du drame, et, sur les planches mêmes, il semble pétrir la conjuration. Jamais l'art du comédien lyrique ne s'est élevé aussi haut ! »

Faure aimait aussi ce rôle parce qu'il ne le fatiguait pas, malgré l'apparence. Il est extrêmement bien écrit pour une voix comme était la sienne, au registre grave plein d'ampleur et de timbre, avec des notes hautes par exception seulement et très bien amenées, permettant le charme et la tendresse, surtout avec un chant aussi merveilleusement lié qu'était le sien.

La Favorite et *Don Juan* vinrent ensuite... Mais ici se place un incident sur lequel il n'y aurait pas lieu d'insister, bien qu'il ait fait beaucoup de bruit dans le moment, s'il ne nous donnait l'occasion de nous expliquer sur certains côtés du caractère de notre grand chanteur.

Nous avons déjà dit que tout ce qui portait atteinte à sa dignité d'artiste le blessait au vif. Personnellement, il n'entendait pas être traité comme n'importe qui, cela va sans dire ; mais, d'une façon générale, il s'efforçait toujours de sauvegarder les intérêts lésés de sa profession, dont il se considérait, à juste titre, comme le représentant le plus qualifié. — Il était d'ailleurs depuis quelques années membre du comité de la grande *Association des Artistes* fondée par le baron Taylor. — D'autre part, comme tous les artistes parvenus à une situation exceptionnelle, et nous en pourrions citer plus d'un exemple depuis lui, il était en butte à maintes jalousies, maintes médisances, dont les journaux se faisaient volontiers l'écho, en les interprétant à leur gré. Seulement, tandis qu'il en est qui haussent les épaules et dédaignent de répondre, Faure tenait toujours à se faire rendre justice ; au besoin, il faisait le public juge du différend. — Et de cela encore certains lui en voulaient.

On le montrait, par exemple, comme ne souffrant aucun partage, à l'Opéra, et empêchant même tel engagement d'un artiste qui eût pu lui faire concurrence, — alors que nous l'avons vu, au contraire, abandonner ses rôles les plus personnels, tels Nelusko et Méphistophélès, du moment qu'il les trouvait placés à son gré, en bonnes mains : celles de Devoyod et de Gailhard. Et le directeur Halanzier, pour le satisfaire, dut formuler, en ces termes, une déclaration aux journaux :

> Je puis affirmer qu'aucun artiste ne se désintéresse davantage des questions administratives de son théâtre... Il a mis son honneur à sacrifier d'importants engagements à l'Étranger, pour rester fidèle à l'Opéra français.

Profitait-on de ses retours ou de ses départs pour les annoncer de loin dans les feuilles ou sur les affiches, c'était à qui se moquerait plus agréablement de la vanité de l'artiste (on s'étonnerait moins, aujourd'hui, de ces procédés de réclame directoriale). Surtout, on ne manquait jamais de le peindre intéressé et âpre au gain, parce qu'il se refusait à toute concession sur le chiffre de ses engagements ou de ses cachets ; — alors que nous savons si bien, nous qui voyons maintenant sa carrière d'ensemble, que cette intransigeance avait pour seule raison la dignité de sa situation et l'intérêt de ses camarades (qui ont tout à perdre quand leurs chefs de file « gâchent le métier ») — et que nul n'a fait si bon marché de véritables fortunes, offertes à l'envi, par simple dédain d'un gain qui ne lui plaisait pas.

Le malentendu, assez aigu, qui faillit, dès cette époque, amener entre Faure et Halanzier une rupture définitive, commença à l'occasion d'une soirée de gala organisée, au bénéfice des Alsaciens-Lorrains, par Mme la Maréchale de Mac-Mahon, pour le 11 octobre. On avait convenu de représenter *les Huguenots* et de demander à la Patti de venir chanter le rôle de Valentine, qui lui avait valu tant de succès à Londres. Faure était en droit d'imaginer qu'il garderait, plus que jamais, son rôle de Nevers... Pas du tout ! Halanzier, comme si deux vedettes pour une devaient nuire à la recette, *refusa* de le laisser chanter !... Et tout aussitôt, les journaux d'accuser le patriotisme de notre artiste et de déclarer que, s'il n'a pas daigné paraître, c'est que la soirée ne devait rien lui rapporter !

Cependant, pour dédommager la diva, et profiter de sa venue, Halanzier lui avait ménagé quelques représentations payantes, des *Huguenots* encore et de *Faust*. C'était au mieux ; mais qu'alla-t-il imaginer dans le dessein de récupérer le cachet exceptionnel qu'il devait lui consentir ? D'augmenter, pour ces soirées-là le prix des places, de créer un tarif spécial ! Cette fois, Faure, qui s'était incliné lorsqu'il ne s'agissait que de lui, s'indigna d'une mesure inconstitutionnelle au premier chef, de nature à blesser dans leur dignité tous les artistes de l'Opéra, autant que lui-même..., et donna sa démission. — Aussitôt, les journaux de prononcer que ce geste, d'une vanité insoutenable, n'avait d'autre sujet chez l'illustre baryton que la supériorité d'appointements de sa jeune camarade !...

Pour établir nettement la vérité sur l'un et l'autre point, Faure adressa une lettre ouverte aux directeurs du *Figaro* et du *Gaulois*... — Redoublement d'attaques ironiques.

Enfin, trois hautes personnalités de la littérature et de l'art, Legouvé, Camille Doucet, Ambroise Thomas, s'entremirent, obtinrent d'Halanzier qu'il reconnaîtrait formellement ses torts, et Faure retira sa démission... — Explosion nouvelle de rires insultants et indignés contre l'audacieux artiste et « ses trois mousquetaires ».

C'est à peine s'il se trouva quelques critiques, — M. Adolphe Jullien, par exemple, qui débutait presque dans sa belle carrière, — pour faire remarquer combien la cause de l'artiste était juste et combien l'administration du directeur manquait de dignité. Or, nous le savons d'expérience, et nous devions le constater encore, depuis, par de nouveaux exemples, rien n'est plus blessant pour les artistes d'un théâtre que la hausse imprévue du prix des places, rien n'est plus sot de la part du directeur qui affiche ainsi sa crainte de déficit, rien, d'ailleurs, n'est plus gauche pour l'« étoile » ainsi exaltée, à qui l'on en veut, et qui n'en peut mais.

Voici la lettre de Faure, en date du 17 octobre :

Monsieur le Directeur,

Les motifs de la rupture qui s'est produite entre M. Halanzier et moi n'étant pas présentés au public sous leur vrai jour, permettez-moi de les résumer en quelques mots...

1° Le refus qui m'a été fait par mon directeur de me laisser prendre part à la soirée donnée au bénéfice des Alsaciens-Lorrains ; refus qui a motivé ma première réclamation, accueillie par *le Figaro* dès dimanche dernier, le matin même de la représentation, c'est-à-dire vingt-quatre heures avant les attaques absolument gratuites que ce refus m'a values.

2° L'introduction, inacceptable au Grand-Opéra, d'un double tarif de places, mesure absolument contraire aux règlements et aux traditions de notre Académie nationale de musique...

J'en ai fait une question de principe et de dignité, autant pour le théâtre auquel j'ai l'honneur d'appartenir que pour moi-même. C'est pour cette dernière raison surtout que je maintiens ma démission, non sans le bien vif regret de quitter une scène qui m'était si chère à tant de titres.

Et voici encore, parmi les fantaisies sans méchanceté suscitées par l'entremise des « trois mousquetaires, » voici sans doute la plus amusante :

TRIO DE *GUILLAUME TELL*

chanté par MM. Ambroise Thomas, E. Legouvé et Camille Doucet.

GUILLAUME-THOMAS

Quand l'Opéra met le prix de ses stalles
Au-dessus de vingt-quatre francs,
Va d'Halanzier soutenir les scandales,
Meurs pour nos bourreaux triomphants !...

ARNOLD-DOUCET

Sans me mêler de la querelle
Chez moi je pourrais demeurer,
Je ne sais pas trop de quoi je me mêle,
Mais il me plaît, messieurs, de m'y fourrer.

Don Carlos, rôle de Don Rodrigue.

WALTER-LEGOUVÉ

Cet Halanzier, préludant aux batailles
D'un baryton trancha les jours !
Cette victime attend des funérailles...
Elle a des droits à nos secours.

ARNOLD-DOUCET

Ah ! quel affreux mystère !
Un baryton, dis-tu ?

WALTER-LEGOUVÉ

Que l'orchestre révère...

ARNOLD-DOUCET

Son nom ?...

WALTER-LEGOUVÉ

Ah ! pourquoi faire ?

GUILLAUME-THOMAS

Non, tu souffrirais trop...

ARNOLD-DOUCET

C'est Faure, c'est mon frère !

WALTER-LEGOUVÉ

Oui, ton frère lui-même, un charmant rossignol
Étendard du point d'orgue, honneur du si bémol !

ARNOLD-DOUCET

Qn'entends-je ! O crime ! hélas ! j'expire !...
Faure avant tout ! Pour le proscrire
Il faudrait qu'Arnold fût perclus...
Halanzier, tu vas me maudire !...
De regrets, mon cœur se déchire...
Nos mains, nos mains ne se serreront plus !...

GUILLAUME-THOMAS ET WALTER-LEGOUVÉ

Il chancelle..., à peine il respire...
Il frémit..., le regret le déchire...
Pour Halanzier, non, son cœur ne bat plus...
Pour Faure, à cette heure, il soupire...
Camille a toutes les vertus !

ARNOLD-DOUCET

Grand Dieu ! que faire?... .

GUILLAUME-LEGOUVÉ

Son devoir...

ARNOLD-DOUCET

Allons-nous-en !

GUILLAUME-LEGOUVÉ

Non, par Saint-George !
Le coupable Halanzier doit enfin rendre gorge !

ARNOLD-DOUCET

Je respire avec désespoir
Je souffle autant qu'un vieux soufflet de forge !

ENSEMBLE

Embrasons-nous d'un saint délire !...
C'est ainsi qu'à trois on conspire !...
Dans cette affaire, il faut le dire,
Rester chez nous nous aurions pu...
A Faure l'amour nous attire
C'est aux palmes du martyre
A couronner notre vertu !

ALBERT MILLAUD.

Figaro, 31 octobre 1874.

C'est le 29 octobre que Faure remonta en scène, la paix conclue. Il avait choisi *Guillaume Tell* et n'eut pas à s'en repentir. En dépit d'un trac effroyable, que, pour une fois, son empire sur lui-même ne réussit pas à dissimuler entièrement, sa phrase d'entrée fut si magistralement déclamée que la salle, debout, en réclamait aussitôt un *bis* et la soirée ne fut plus qu'une suite d'ovations.

Quelques semaines plus tard, un traité en bonne forme rattachait l'artiste à son théâtre pour deux ans, à raison de huit mois de service annuel. Mais, pour l'avoir rédigé de bonne grâce, Halanzier n'en fut pas plus soucieux d'éviter à son pensionnaire les froissements dont celui-ci souffrait si manifestement.

Ainsi l'on a peine à comprendre, sans la plus gauche mauvaise volonté, qu'il ne lui ait fait aucune place dans le programme de la soirée d'inauguration de la nouvelle salle, le 5 janvier 1875, solennité qui eût dû emprunter son éclat aux talents les plus consacrés de la scène française, et où l'on se fût attendu à voir Mme Carvalho, par exemple, aux côtés de Faure.

Il est vrai qu'il comptait sur Mme Nilsson, qui tomba malade à peine arrivée. Mais était-ce une raison pour écarter dès lors les scènes de *Faust* et d'*Hamlet* d'abord convenues? Et surtout, n'était-ce pas l'occasion toute trouvée de faire figurer au programme *Don Juan* que l'on attendait, et qui constituait bien ce que le nouvel Opéra pouvait offrir à ses invités de plus digne de lui, et d'eux?

Il n'y eut de vraiment intéressant ce soir-là, du moins sur la scène — car, au fond, le public ne prit garde qu'à la salle et à ses accès — que les débuts, dans *la Juive*, de Gabrielle Krauss, admirable artiste, excellente recrue ; mais qui, justement n'eût dû apparaître qu'au second plan.

Faure ne pardonna jamais à Halanzier cette maladresse : on ne saurait lui en faire un reproche. Ses premiers pas sur la nouvelle scène eurent lieu le 25 janvier, mais dans *la Favorite*. Bien qu'il y fût médiocrement entouré, la sensation qu'il produisit parut saisissante et nouvelle. Après l'avoir loué « de ne s'être pas abandonné lui-même, au milieu de l'abandon ou plutôt de la trahison à laquelle était livrée la partition de Donizetti » — mais c'était bien mal connaître Faure que de le craindre un instant, — Bénédict ajoute : « Je ne crois pas que personne, et Faure lui-même, ait jamais dit la romance « Pour tant d'amour... » comme elle a été chantée hier soir. La colère, l'ironie, la plainte, le charme, toutes ces nuances de la jalousie du royal amant de Léonor ont été traduites avec une sensibilité profonde et un art admirable. Athéniens de Paris, applaudissez votre premier chanteur : il se peut que ce soit le dernier ! »

Mois après mois reparurent *Guillaume Tell*, *Hamlet*, *les Huguenots*, ces deux derniers ouvrages servant de rentrée à Mme Carvalho. — N'eût-il pas mieux valu commencer par là ? Nous avons tout dit sur les impressions que Faure y suscitait, et pourtant, à lire les critiques de l'époque, il semble que ce soit toujours fruit nouveau : l'interprétation si belle, si humaine, si vraie, intéresse comme par des qualités insoupçonnées ; c'est réellement un autre ordre d'idées, un autre art, que ce que le public trouve sur une scène ordinaire de théâtre...

Dans *Hamlet*, on admire, à chaque soirée nouvelle, comment « il s'efforce d'entrer plus profondément dans la pensée de son personnage énigmatique » ; on remarque que « dans la scène de la rupture, on sait, à sa façon de regarder Ophélie, avec une fixité menaçante, que ce n'est pas elle, mais Polonius, qu'il voit. » On trouve surprenante sa jeunesse « dans la scène de l'éventail et la colère en apparence désordonnée qui la suit », et que jamais elle ne se départisse ni de goût ni de charme... Victor Wilder insiste sur « l'art exquis avec lequel il pose sa voix, les nuances délicates dont il sait la colorer, son phraser simple et large, son articulation nette et vigoureusement accentuée »...

Dans *les Huguenots*, — qui réunissaient la plus belle distribution qu'eût encore présentée la direction, avec Mmes Krauss et Carvalho, avec Villaret, Belval et Gailhard — jamais l'évolution si attachante du personnage de Nevers ne frappa davantage. Le type efféminé qu'il avait imaginé au début était déjà une préparation curieuse : elle donnait plus de prix à la suite du rôle. « D'une élégance et d'une fatuité charmantes au premier acte (dit M. Adolphe Jullien dans la *Revue et Gazette musicale*) il montre déjà plus de sentiment dans son compliment à Valentine, bien qu'on y sente encore la galanterie musquée du grand seigneur habitué de parler aux dames sur un ton de tendresse affectée ; puis il se transforme entièrement au quatrième acte, et y montre une noblesse, une sincérité de pensée qui se reflète sur toute sa personne. Il a trouvé un mouvement pathétique lorsque, Saint-Bris déclarant qu'il dirigera lui-même le massacre, Nevers se redresse, l'œil en feu, et interroge Valentine d'un regard terrible, comme pour s'assurer qu'elle n'est pas complice de cette infamie et qu'elle n'a pas aidé à l'envelopper dans ce complot. » — Un autre critique fait remarquer de même par quel souci du moindre détail, négligeable aux yeux des artistes ordinaires, Faure atteignait cette évocation *totale* si digne d'admiration. « Chaque inflexion de voix, chaque geste, chaque jeu de scène *appartiennent* au personnage qu'il représente. »

Faure partit pour Londres à la fin de mai. Covent-Garden acclama dans *Faust* sa rentrée avec Mlle Albani ; *Freischütz* et *les Noces de Figaro* suivirent ; puis *Semiramide* et enfin *l'Étoile du Nord*, toujours avec la Patti.

C'est la première fois que nous le voyons aborder *Semiramide* et le rôle d'Assur, mais on comprend que l'étude l'en pût tenter. La partition de Rossini est grandiose et le personnage de l'audacieux et superbe prince offre l'occasion de la plus caractéristique composition. L'ambition, l'orgueil, la passion le dominent constamment et donnent un accent nerveux à toutes ses paroles, à tous ses gestes. Le second acte surtout, c'est-à-dire la grande scène où Assur brave Sémiramis, et celle où, préparant sa vengeance, il est lui-même la proie, devant le tombeau de Ninus, d'une hallucination terrible, prenaient avec Faure un relief tragique extraordinaire, une intensité d'expression, une autorité de geste dont le rôle avait rarement bénéficié avec ses interprètes italiens, et qui rachetaient l'abondance éperdue des fioritures dont cette partition est tissue.

Une angine assez grave retarda la rentrée du grand artiste à Paris. Elle n'eut lieu que vers la fin de novembre, dans *Hamlet*, mais fut suivie de près par la reprise qu'on attendait le plus impatiemment, celle de *Don Juan*. On savait assez que Faure y serait admirable, mais quel régal de lui voir, cette fois, pour partenaire Mme Krauss, la Donna Anna tant de fois acclamée aux Italiens ! Jamais la sublime introduction n'avait été évoquée avec un pareil style, une aussi saisissante beauté. C'est d'ailleurs Mme Carvalho qui était encore Zerline, c'est le jeune Vergnet qui chantait Ottavio, avec un charme dont le souvenir ne s'est pas effacé, et c'est Gailhard qui incarnait, copieusement, Leporello.

On commençait, à cette époque, à parler du départ probable de Faure pour des *tournées* en France et à l'Étranger. On en parlait trop, même, dans les journaux, et de façon à agacer les gens, à provoquer des railleries, voire des attaques et des ripostes. On annonçait qu'il avait signé avec l'impresario Merelli un engagement pour 100 représentations en 10 mois (à raison de 300.000 francs), et qu'il en devait passer 2 à Londres, 2 à Vienne, 2 en Belgique et Hollande, enfin 4 en France. Et l'on accusait Halanzier d'être la cause de ce départ... Celui-ci se hâta de protester... Puis on apprit que Faure avait résilié... Et de nouveaux commentaires allèrent leur train. — Il n'y avait qu'une explication, et Mme Faure la donna à quelqu'un (M. Achille Denis) qui la publia : « Il n'a pu se résoudre à *enchaîner sa liberté;* voilà toute la vérité. »

Des notes de journaux affirmèrent ensuite qu'il avait signé avec Carvalho pour des représentations de *l'Étoile du Nord* et du *Pardon de Ploërmel*, à l'Opéra-Comique (on le répéta même, en 1877).

Il ne résulta, en somme, des pourparlers avec Merelli, qu'une tournée de concerts, en France, pendant l'automne de cette année 1876. Mais Faure restait à l'Opéra, et même y créait un nouveau rôle.

Il s'agit de la *Jeanne d'Arc* de Mermet, jouée le 5 avril 1876, et du personnage de Charles VII. L'auteur de *Roland à Roncevaux*, qui composait lui-même les poèmes réclamés par son inspiration, tout en les réduisant à une succession de scènes historiques détachées, avait fait œuvre digne et respectueuse ; et, pour la partition, si l'on doit la regarder surtout comme une sorte d' « illustration musicale », telle scène, telle page, telle caractère, avaient de quoi intéresser et prêtaient à leur évocation lyrique. Autour de Jeanne, bien entendu, (énergiquement évoquée par Gabrielle Krauss), les rôles ne paraissaient guère que secondaires. Celui du Roi, à tout le moins, était digne d'une véritable composition artistique, et l'on sent assez comment Faure l'avait comprise, quelle valeur il donnait à l'évolution du caractère de Charles VII, depuis ses déclarations trop fades à Agnès Sorel jusqu'à son sacre dans la cathédrale de Reims, sans oublier la scène si émouvante où il s'est dissimulé parmi les seigneurs de sa Cour et où Jeanne va droit à lui et lui révèle sa mission. On relevait tantôt l'élégance légère et distinguée de la diction — par exemple au profit de la petite chanson archaïque : « Au cœur ne tient la peine... » ; — tantôt la noblesse, la fierté du geste, et partout, le tact le plus parfait dans l'expression simple, « habituelle », du caractère royal.

L'œuvre de Mermet n'obtint, au surplus, que 15 représentations, dont Faure ne chanta que la moitié. Un peu grippé le soir de la répétition générale, il avait cédé son rôle à Manoury, et le lui abandonna dès lors plus d'un soir, se réservant pour les représentations, plus essentielles, de *Don Juan* — qui, certain jour (le 22 janvier), avait fait le maximum connu de recettes en dépassant 21.000 fr. — ou des *Huguenots* et d'*Hamlet*.

C'est sur cette dernière œuvre qu'il quitta l'Opéra, le 13 mai, pour se rendre, comme chaque année, à Londres. Mais combien de spectateurs, ce soir-là, se doutèrent-ils qu'ils l'applaudissaient pour la dernière fois sur cette scène ? On est habitué à ces faux départs au théâtre ; on ne croit jamais qu'ils sont définitifs. Celui-là le fut. Peut-être un autre directeur, quelques façons adroites, quelque œuvre nouvelle de mérite, eussent-ils pu modifier le parti pris par le grand artiste... En définitive, rien ne le fit revenir sur sa décision, et il fallut se résigner. La contrainte d'engagement à long terme lui devenait, en somme, insupportable, et quelques représentations exceptionnelles ou en tournée, puis des concerts, le firent désormais seuls entendre.

Ses fidèles admirateurs de Londres purent, du moins, espérer qu'il ferait longtemps une exception en leur faveur. De fait, il leur donna deux saisons encore ; mais ce furent bien les dernières. Ne disons donc pas que c'est par caprice, et pour ne s'entendre pas avec son directeur, qu'il avait quitté l'Opéra. Car, à Londres, nous savons assez combien il était apprécié, fêté, choyé... Cette fois, précisément, il fut déclaré par les journaux « l'étoile de la saison ».

Ce n'est plus à Covent-Garden, mais à Drury-Lane (Her Majesty's Theater), qu'il faut à présent le suivre. Il y joua *Faust* avec Christine Nilsson, *Semiramide*, *Don Juan* ; puis, afin d'apporter quelque attrait nouveau aux représentations, le rôle de Nevers dans *les Huguenots*, et non plus celui de Saint-Bris qu'il avait toujours conservé ici, dans sa version italienne, enfin *Lucrèce Borgia*, où il n'avait jamais paru ici, qu'il n'avait même jamais chanté depuis ses représentations, brusquement interrompues, de Berlin, dix-sept ans auparavant. Le rôle si expressif du duc d'Este, rendu avec un relief plus dramatique que jamais, lui valut d'interminables ovations « Aussi bien comme physionomie humaine que comme chanteur, c'est le duc même (dit un critique). Partout, il relève la moindre phrase avec le grand style du personnage. Mais le plus saisissant effet est à la scène du second acte : son triomphe sur la terrible duchesse. Faure chante cette scène avec une finesse extrême et une concentration qui est une force de plus. »

Terminons avec Londres, et en somme, avec la carrière dramatique régulière de Faure, en notant la saison de 1877 : c'est encore *Lucrèce Borgia*, avec Mme Trebelli, qui lui servit de rentrée ; mais il y joignit *Otello*. Nous avons déjà vu quel parti extraordinaire il savait tirer du rôle réduit mais essentiel d'Iago. Mieux entouré qu'en 1870, Faure y donnait cette fois la réplique à Tamberlick, dont la voix n'avait plus guère que son fameux *ut* dièze, d'ailleurs si beau, mais dont le jeu était toujours des plus dramatiques, et Mme Nilsson, très émouvante et poétique Desdémone.

Puis vint l'habituel *Don Juan*, entre Marie Roze, Christine Nilsson et Trebelli, dans Donna Anna, Donna Elvire et Zerline. Enfin *Faust* avec Mme Nilsson et Stagno, où se firent ses adieux.

CHAPITRE QUATRIÈME

LES TOURNÉES. LES CONCERTS. LA RETRAITE. LES COLLECTIONS. 1876-1914.

Nous voici arrivés à la dernière période de la carrière publique de Faure. Elle était commencée depuis plus de 20 ans, elle devait durer quelque 10 ans encore, mais à l'aise, au gré d'une occasion de plus en plus rarement acceptée. On s'est demandé le pourquoi de ce parti si prématuré. Jamais l'illustre artiste n'avait eu plus pleine possession de tous ses moyens, jamais il n'avait eu moins à redouter quelque refroidissement dans l'admiration de ses auditeurs... Mais, justement, il lui plaisait de leur laisser un souvenir intégral de son talent au moment de son épanouissement suprême. La conscience scrupuleuse avec laquelle il abordait toujours le public lui faisait aussi envisager jusqu'à la crainte même de la moindre défaillance, de la plus petite fatigue. Enfin l'effroyable peur qui l'envahissait, plus que jamais, à la seule pensée de ce qu'on attendait de lui, tournait en souffrance le souci de cette sorte de responsabilité vis-à-vis de soi-même... Ajoutons le dégoût des petits côtés de la vie de coulisses, qui s'empare de tous les comédiens avec l'âge... Mais il n'en fallait pas tant pour faire préférer, à un artiste d'ailleurs aussi apprécié comme homme et que ses goûts attiraient de tant d'autres côtés, sa pleine et entière liberté.

La première *tournée* à laquelle Faure consentit à se prêter eut lieu dans l'automne de 1876. L'impresario Jarrett l'avait organisée pour parcourir les principales villes de France. Il ne s'agissait que de concerts avec un programme à peu près uniforme. Autour de l'artiste avaient été groupés le pianiste compositeur Henri Ketten, les sœurs Badia (appréciées pour leurs duos italiens), l'excellent violoniste belge Musin, le violoncelliste Libotton et l'organiste Le Beau.

On débuta par Nancy, le 23 septembre ; Reims suivit, puis Dunkerque, Lille, Rouen, Le Havre, Angers ; puis Bordeaux, Bayonne, Limoges, Angoulême, Toulouse, Montpellier, Nîmes, Marseille, Nice, Toulon ; enfin Avignon, Grenoble, Lyon et Genève : en tout 21 villes. Les journaux sont naturellement remplis de l'enthousiasme qui accueillit tous les exécutants. Faure, pour sa part, avait mis deux airs au programme : celui du *Siège de Corinthe* et celui de *Joconde*, un plein contraste, avec deux de ses mélodies les plus célèbres : *Les Rameaux* et *Le Crucifix*. Mais il donnait bonne mesure, et comme on ne manquait pas de bisser il ajoutait occasionnellement, *La Chanson de Printemps*, de Gounod, l'air de la *Coupe du Roi de Thulé* (« Il est venu ce soir), l'air de « Jérusalem » de *Paulus*, le *Noël* d'Adam, et son propre *Alleluia d'amour*. Il lui arriva une fois (à Nîmes) de chanter 9 morceaux au lieu de 4 annoncés, et l'on dut faire évacuer la salle.

Une autre tournée avait été préparée en même temps par Jarrett, mais théâtrale, pour suivre presque immédiatement la première. Elle débuta, au mois de janvier, par Dijon, avec *Hamlet*, et par Nice, où Faure chanta, mais en italien, *La Favorite* et *Faust*. Février le trouva à Lyon, où il parut dans ces trois œuvres et *Guillaume Tell*, avec un succès qui tint du délire. Puis c'est Bordeaux et Nantes, avec un programme analogue. Bien des sympathies allaient à l'homme en même temps qu'à l'artiste, car les pauvres n'étaient pas oubliés, sur son chemin. A Lyon, les ouvriers victimes du chômage, à Bordeaux, les pauvres de la ville, bénéficiaient de la recette d'une représentation...

Cependant, les engagements pris avec Jarrett étant terminés, Faure retourne à Lyon, où il a été si chaudement reçu et où il se sait particulièrement bien entouré. Il y trouve notamment cette remarquable artiste que nous avons applaudie de si grand cœur à Paris, Adèle Isaac. Il reparaît avec elle dans *Hamlet* et organise un concert où elle lui donne la réplique dans le *Crucifix* et le duo du *Barbier de Séville*. Cette séance est encore marquée par une nouvelle mélodie de la façon de l'artiste : *Les Fils d'or*, chant du mûrier. Il dit aussi *le Rêve*, de Darcier, et l'air de *Joconde*. Enfin, au théâtre, il paraît dans *Faust* et *Guillaume Tell*, et si enthousiaste est la sympathie qu'il suscite, qu'une sérénade vient le surprendre à son hôtel.

Il se dirige ensuite vers Marseille (ici il ajoute *Don Juan* à son répertoire), vers Toulouse et jusqu'à Nantes. A parcourir les articles nés de ces belles soirées, on note la profondeur des impressions et l'espèce de révélation ressentie par les auditeurs. Ce qui frappe dans Faust, par exemple (comme à Londres), c'est l'espèce de fascination que son Méphistophélès exerce sur Marguerite, la fixité de son regard, l'expression continuelle, et sans grimace, de sa physionomie, c'est la souplesse spontanée de ses jeux de scène, lorsqu'il observe Faust, raille les buveurs, ou s'amuse de Dame Marthe... Dans *la Favorite*, on souligne la tendresse que gardent à Léonor ses reproches les plus amers, la fierté frémissante qu'il oppose aux insultes de Fernand, aux imprécations du P. Balthazar... Dans *Hamlet* on déclare que sur une œuvre qui, jusqu'alors avait paru terne et ennuyeuse, il jette une lumière éclatante et insoupçonnée, que son jeu y séduit autant que sa voix... Dans *Guillaume Tell*, plus répandu, mieux soutenu, on s'étonne de quelques effets vocaux personnels, — dont plusieurs, il est bon de le dire, venaient de Rossini lui-même, notamment à l'air « de la pomme », — mais on ne se lasse pas d'admirer le mordant de la déclamation et l'allure superbe qu'en prennent les ensembles, comme la noblesse, la tendre délicatesse des phrases plus intimes, plus poignantes...

L'automne suivant, — après sa dernière saison de Londres — trouva Faure aux Pays-Bas et en Belgique. Il n'était pas encore allé à Amsterdam et la Haye, et il n'y donna que des concerts. Mais Bruxelles attendait passionnément ses représentations, et Liége, et Anvers. Il y reparut dans le même répertoire qu'en 1873.

Il est assez superflu de suivre dans les journaux du temps, où d'analogues impressions se formulent, les traces des diverses allées et venues de l'artiste. Au début de 1878, c'est à Marseille, puis à Bordeaux que nous le retrouvons, toujours dans *Faust*, *Hamlet*, *Guillaume Tell...* Paris dut se résoudre à profiter de quelques concerts ou de l'occasion d'une représentation de gala. Telle, celle que Bressant organisa pour sa retraite, à la Comédie française, le 27 février. Faure et Mme Carvalho y chantèrent le duo de Zerline et de Don Juan, et Faure y joignit l'air du *Siège de Corinthe* et le *Noël* d'Adam, qui fut bissé... Tel, en octobre, le concert d'imagination du « Cercle de France international », où il chanta le duo du *Pré-aux-clercs*, avec Mme Bilbaut-Vauchelet, ainsi que l'air de la *Coupe du roi de Thulé* et quelques-unes de ses mélodies... Telle encore, en novembre, la grande séance préparée, au Trocadéro, par l'Association des Artistes musiciens, où il partagea, avec Francis Planté, d'interminables ovations, en chantant l'air du *Siège de Corinthe*, la romance de *Joconde*, les *Rameaux* et l'*Alleluia d'amour*. C'est la seule part qu'il se trouva prendre aux fêtes de l'Exposition Universelle.

Mais l'épisode le plus intéressant de cette année de sa carrière, c'est le petit séjour qu'il fit à Vienne au mois de mars. Il y avait été demandé pour une reprise d'*Hamlet* avec Christine Nilsson. Comme il fallait s'y attendre, une certaine réserve accueillit d'abord le nouveau venu. Mais la qualité incomparable de son talent eut vite raison de cette défiance, et la représentation se poursuivit triomphale. Faure se fit encore entendre dans *La Favorite*, dans *Faust* et dans *Don Juan*. — Tout ce répertoire fut chanté en italien. — Il parut encore à Pesth, dans *Faust* et chanta à la Chapelle Impériale une grand'messe de Rotter : *Verba non auribus*. Cette campagne lui valut la croix de François-Joseph et le titre de Chanteur de la Chambre.

Dirons-nous un mot des représentations qu'il devait donner à Madrid pour les fêtes du mariage du roi Alphonse ? L'impresario Merelli l'avait engagé pour deux représentations de *Faust* et deux de *la Favorite*, au prix, sans précédent, de 10.000 francs l'une, payable à l'avance. Mais la somme n'ayant pas été versée, l'artiste n'avait pas quitté la France. (C'est à ce moment qu'il donna à Marseille les représentations mentionnées plus haut). D'où procès du directeur Rovira à l'impresario, procès dont certains critiques Parisiens, — Albert Wolf, par exemple, plume peu désintéressée, comme on sait, — ne manquèrent pas d'attribuer la cause à l'âpreté de Faure. Chaque fois que la question de dignité professionnelle était en jeu et lui faisait adopter quelque parti radical qui surprenait, on ne manquait jamais d'y chercher une raison d'aigreur. S'il estimait qu'un artiste comme lui ne doit être ni enchaîné ni marchandé, qui donc lui en fera un reproche?

Mais achevons de mentionner les derniers engagements acceptés par lui, et les dernières apparitions qu'il fit sur la scène... Je laisse pour le moment les concerts, qui tendront à devenir plus importants et méritent une place à part.

En 1879, nous suivons Faure à Bruxelles, d'abord, à partir du 16 janvier, dans son répertoire habituel (*Guillaume Tell*, *La Favorite*, *Faust*, *Hamlet*) auquel il joignit *l'Étoile du Nord*, qu'on lui avait demandée. Comme il n'y avait pas paru depuis quelque 15 ans, cette reprise évoqua chez les spectateurs des impressions très neuves et chez les critiques d'intéressantes observations. L'artiste surprit par le cachet inattendu qu'il donnait à telle scène, telle page dont on ne soupçonnait pas la valeur, on admira le naturel avec lequel il disait le *parlé*, dont il eût bien dû, pourtant, perdre toute habitude, d'une façon fine et délicate ; on fit remarquer que, constamment en scène, il montrait une animation, une vie qui faisaient paraître les autres interprètes comme dépaysés.

Nous le retrouvons, en mars, à Lyon, et en avril, à Bordeaux. Dans la première de ces grandes villes, on venait de représenter pour la première fois *Étienne Marcel*. Pourquoi, en vue de cette création de la première œuvre dramatique de Saint-Saëns, ne s'être pas assuré du concours si avantageux de Faure? Son *Faust* ou sa *Favorite* (avec le ténor Stéphane), son *Hamlet* ou son *Guillaume Tell* (avec la toute jeune Mlle d'Hervilly) étaient des lendemains qui faisaient tort à l'œuvre nouvelle. A Bordeaux, il ajouta *l'Étoile du Nord* à ce programme et donna un grand concert de charité.

L'année 1880 est marquée d'abord par une belle série de 12 représentations dans la nouvelle salle du Casino de Monte Carlo, œuvre de Charles Garnier, inaugurée au cours de la saison précédente. Ce sont les premières qui aient consacré en quelque sorte cette petite salle où les plus brillants artistes du monde musical devaient, par la suite, concourir à tant de prestigieux spectacles. Entre le 20 janvier et le 28 février, avec Mme Carvalho en général, on l'entendit dans *Faust* et *Don Juan*, *La Favorite*, *Le Chalet*, *Hamlet* et dans divers concerts.

Genève aussi — pour la première fois — put l'apprécier, cette année. Il y joua ses quatre œuvres préférés : *Faust*, *La Favorite*, *Guillaume Tell* et *Hamlet*.

En 1881, nouvelle apparition à Monte Carlo, mais pour des concerts seulement (on y remarque la *Sérénade* de Schubert et la *Rêverie* de Saint-Saëns, avec le maître au piano). Au théâtre, on ne l'applaudit que sur la petite scène du Casino de Cauterets, (où il faisait une saison d'eaux), dans *Faust* et *la Favorite*.

En 1882, cependant, nouvelles représentations à Monte-Carlo, dont une « première » pour lui! Après *Faust* (entre Gayarre, Maurel et Mme Albani) et *Hamlet*, Faure paraît dans *Lucie de Lammermoor*, en italien. On s'étonne qu'il ait attendu jusqu'alors pour incarner le personnage d'Ashton dans l'œuvre de Donizetti. Il est vrai que, vocalement intéressant, il est médiocre comme caractère et antipathique ; l'artiste n'aimait pas cela. Le plaisir de la composition le séduisit sans doute...

Puis, c'est le silence : Faure semble décidément avoir renoncé à la scène. En vain a-t-on cherché à l'entraîner dans une nouvelle tournée de province. Pasdeloup, toutefois est plus heureux en 1885. Son vieil ami a imaginé de donner, à Monte Carlo, des concerts avec fragments d'opéras *représentés*, et il ne peut lui refuser d'y paraître. Successivement, le quatrième acte des *Huguenots* (Nevers), le troisième d'*Hamlet*, le second de *Lucie*, des scènes du *Barbier de Séville* et *le Chalet*, sont acclamés à l'envi.

Enfin, les baigneurs de Vichy, cette même année, purent encore bénéficier de trois représentations de *Faust* et *Guillaume Tell*, et Marseille, puis Montpellier, l'année suivante, (1886), de quelques soirées de *Faust*... Et c'est bien tout. Quand nous aurons mentionné encore la soirée de retraite de Mme Carvalho, à l'Opéra-Comique, où il joua avec elle, Talazac, Marguerite Ugalde et Renée Vidal (Siebel et Marthe) l'acte du jardin, de *Faust*, souvenir incomparable d'harmonieuse beauté, nous devrons considérer les adieux de Faure à la scène comme définitifs.

Il ne tint pourtant qu'à lui de les faire d'une façon plus exceptionnelle et digne de résumer sa carrière. Le directeur du Théâtre Royal de Prague, Angelo Neumann, pour célébrer le centenaire de la première représentation de *Don Juan*, donnée, comme on sait, en cette ville, le 29 octobre 1787, eut l'idée de solliciter le concours de Faure. D'autant plus touché d'une pareille démarche venue de si loin, qu'aucun des directeurs parisiens n'avait pris, lui, une semblable initiative, l'artiste hésita un instant ; mais la responsabilité d'une si haute tâche, et la crainte de n'être plus en mesure d'y répondre dans la plénitude de ses moyens, lui persuadèrent de refuser. Peu de traits font autant d'honneur à sa conscience d'artiste, à sa modestie.

Au concert, heureusement, nous sommes encore loin de la retraite, et d'importantes « créations » lui étaient même réservées, sur lesquelles il importera d'insister.

Nous en étions restés à 1879, dans cet ordre d'interprétations : revenons-y. C'est la première année où, depuis bien longtemps, Faure consent à reparaître dans les concerts publics. Au début, on l'a entendu à l'église Saint-François-Xavier, pour l'inauguration du grand orgue. Au mois de mai, puis en juin, il a pris sa part de deux séances de charité organisées, au bénéfice des inondés de Szegedin, l'une, par l'Association des artistes dramatiques (c'est-à-dire Coquelin) — on y entendit le duo de *la Muette*, avec Talazac, le quatuor de *Rigoletto* avec le même et Joséphine de Reszke et Rosine Bloch, puis les airs de *Paulus* et de *Joconde* —, l'autre, à l'Opéra, comme prélude à une kermesse — *le Vallon*, de Gounod, le *Noël*, d'Adam, le duo de *la Muette* avec Vergnet et le quatuor de *Rigoletto* avec celui-ci et Mme Krauss...

Cependant la vraie rentrée de Faure devant le public, c'est, en novembre, dans la salle du Châtelet, aux concerts Colonne, qu'il faut la chercher. Quelles ovations accueillirent le grand artiste, les critiques nous en donnent l'écho, en assurant qu'elles dépassèrent tout ce qu'on avait encore vu. Il est vrai que Faure s'attacha dès lors, en général, à offrir quelque primeur aux auditeurs, ce qui apportait à ses programmes un attrait particulier. Cette fois, ce fut le finale du premier acte d'*Étienne Marcel*, qu'on venait d'applaudir à Lyon : il y chanta successivement les fières et nerveuses phrases d'Étienne (lorsqu'il paraît au moment où sa fille est sauvée, par Robert de Lorris, des insultes des soldats royaux, et lorsqu'il accepte du peuple la mission de s'interposer entre le Dauphin et ses ministres) et la courte intervention de l'évêque Lecocq, au nom de l'église de Paris. Le programme comportait encore l'air du *Siège de Corinthe*, et l'admirable *Vallon*, qui fut bissé. Faure était vraiment l'interprète-né de ces pages si poétiques où s'unissent les inspirations de Lamartine et de Gounod, tels

Moïse, rôle de Pharaon.

Les Huguenots, rôle de Nevers.

encore *le Soir* ou *le Rossignol* : il les faisait valoir avec une simplicité harmonieuse et une émotion contenue d'un goût et d'un sentiment incomparables.

Ces belles matinées (qui se répétaient toujours le dimanche suivant) n'ont pas été oubliées de ceux qui y assistèrent. Pendant une dizaine d'années, jusqu'à l'Exposition universelle de 1889, Faure a tenu à conserver encore le rang que l'universel et sympathique respect de ses émules lui avait assigné, comme le public, à la tête de l'École lyrique française.

Son nom paraît plusieurs fois sur les affiches pendant l'hiver de 1880, mais pour des galas de bienfaisance. C'est, par exemple, une matinée à l'Opéra-Comique, au profit des incendiés d'Alger. C'est le grand festival organisé au Trocadéro, au bénéfice de Pasdeloup et auquel les principaux compositeurs comme les premiers artistes avaient tenu à participer. Gounod et Faure en eurent surtout les honneurs : on bissa le *Jésus de Nazareth*, du maître, on acclama le trio de *Faust* (avec Mme Fidès Devriès et Vergnet)... Puis ce sont, à l'automne suivant, les obsèques d'Offenbach, à la Madeleine.

Mais, à cette époque, une vraie, une importante création nouvelle doit arrêter notre attention comme au temps de ses triomphes de théâtre. *La Tempête*, partition écrite par Alphonse Duvernoy sur un livret d'Armand Silvestre et Pierre Berton, avait été couronnée au concours de la Ville de Paris, et le pianiste-compositeur, gendre de Mme Viardot, avait demandé à Faure de se charger de sa fortune. Il ne s'agissait, d'ailleurs, que d'une exécution de concert : telle est la prime de ce concours. Mais, alors qu'il avait toute licence d'écrire une « symphonie dramatique », selon le programme et comme il semble que l'œuvre de Shakespeare eût dû le lui suggérer, Duvernoy avait conçu un vrai drame lyrique, qui eût pu, sans changement aucun, monter sur la scène. C'est donc par des qualités dramatiques que Faure devait le faire valoir, et l'exécution exceptionnelle dont bénéficia l'œuvre, au Châtelet, sous la direction de Colonne,

8

le 24 novembre et plusieurs dimanches de suite, eut bien, en effet, l'aspect de quelque opéra porté, faute de mieux, au concert.

Faure, évoquant le mystérieux Prospero, était entouré de Mmes Krauss et Franck-Duvernoy (Miranda et Ariel) avec Vergnet et Gailhard (Ferdinand et Caliban). Tantôt hautain et rude, tantôt plein de tendresse, tantôt tout transfiguré de majesté, tel est le personnage du poète, et ce sont ces divers aspects que reflétait, bien que sans gestes pour les souligner, le visage de l'artiste, qu'évoquaient les inflexions de sa souple et merveilleuse diction. Dès le premier mot, le type était magistralement posé : « Eh ! quoi, cette brute sommeille? Holà ! Caliban, lève-toi !... » Puis, à la venue de Miranda, le père reprenait ses droits, dans un élan souple et chaud de tendresse : « O sois heureuse et sois bénie !... » Divers récits, où chaque mot portait, enchaînaient les scènes suivantes, pour s'élargir enfin dans une ampleur superbe au moment où Ferdinand lève vainement son épée contre Prospero : « Courbe-toi, vaincu, sous ta chaîne !... » Enfin, à travers les épisodes plus féeriques de la conclusion, la voix radieuse de Prospero vainqueur et magnanime pardonnait à son frère, bénissait les purs amours de Miranda et de Ferdinand, rendait à leur libre vol les esprits soumis... « Dans l'air où voltige l'abeille... », et trouvait pour chaque scène une nuance nouvelle, des caresses plus exquises. — Dans le succès très chaleureux que remporta l'œuvre et qui accueillit ses interprètes, la part de Faure fut, on le juge bien, exceptionnelle. Il y avait si longtemps qu'on attendait du grand artiste une rentrée digne de lui ! Visiblement, on lui savait gré de donner enfin, sans compter, comme jadis, la pleine mesure de son souverain talent.

C'est aux Concerts Pasdeloup qu'il termina cette année 1880 et commença la suivante. L'une des séances fit entendre l'air d'*Œdipe à Colone* : « Mon fils? tu ne l'es plus !... », qu'il n'avait pas encore chanté et dont l'effet fut d'autant plus considérable. Une autre, l'air de *La fête d'Alexandre*, de Haendel. Puis, dans un festival organisé par le même Pasdeloup, au Trocadéro, le 28 mai, il joignit à cette dernière page le duo de « Magali, » de *Mireille*, avec Mme Brunet-Lafleur, — comme on ne le chante jamais, une grâce extrême et un élan magnifique — et la page finale de la *Walkyrie*, les adieux de Wotan à Brunnhilde, avec l'incantation du feu. Et cette interprétation fière et pathétique prit une ampleur vraiment inoubliable. — Nous sommes ici à une époque où les principales pages lyriques des drames de Richard Wagner commençaient à figurer, faute de mieux, sur les programmes de nos grands concerts. Il était temps encore pour Faure d'y affirmer son grand style. Disons mieux : il lui appartenait entre tous, de prouver, quoi qu'on pût dire, quelle beauté mélodique elles recèlent et comment elle peut être mise en valeur.

Peu après, c'était le tour de l'invocation à l'Étoile du soir, chantée par Wolfram dans *Tannhaeuser*, page de grâce mélancolique à laquelle il donnait une poésie si intense et qu'il n'avait pas fait entendre depuis 1868. Encore cette fois, c'était la scène entière qu'on exécutait, et Elisabeth n'était autre que Mme Caron, alors encore élève au Conservatoire, à qui était réservée, quinze ans plus tard, la représentation de cette œuvre à l'Opéra.

Je passe deux nouvelles exécutions de *la Tempête* au Châtelet et le concert spirituel annuel, où Faure ne chanta que de la musique religieuse —, tel le *Pater noster* de Niedermeyer et l'*O fons pietatis* de Haydn. Mais il serait injuste d'omettre certains concerts privés ou de charité. Notamment celui qui avait été préparé au bénéfice du chanteur Darcier, à la Gaîté. Faure, qui l'admirait ouvertement comme un maître, donna là la première audition d'une vigoureuse page de lui : *La guerre et l'humanité*, sorte de Marseillaise de la paix. Il chanta aussi *le Rêve*, du même Darcier, qu'il aimait spécialement et rendait avec une éloquence extrême ; — d'abord à la Préfecture, ainsi que le trio de *Joseph* (entre Mme Carvalho et Nicot) et le duo du *Barbier de Séville* (avec Mme Carvalho) ; — puis chez Antonin Proust, avec le duo de *la Muette* et *le Crucifix*, Talazac lui donnant la réplique. Passons sur divers festivals de charité, au Trocadéro, mais mentionnons le concert religieux pour les pauvres, qu'il donna dans sa ville natale, à la cathédrale de Moulins, à l'occasion duquel la municipalité posa une plaque sur la maison où il avait vu le jour.

La fin de cette année 1881 devait lui apporter encore une distinction alors bien rare : la croix de la légion d'Honneur. Nul artiste ne la méritait mieux, par son caractère comme par son talent, et c'était, il faut le croire, l'avis du public, car celui qui remplissait le Cirque d'hiver au premier concert Pasdeloup de 1882 en prit l'occasion d'une manifestation grandiose. Faure chanta, ce jour-là, *le Soir*, l'Étoile de *Tannhaeuser* et quelques pages d'*Hérodiade*, primeur pour Paris, l'œuvre de Massenet venant d'être créée à Bruxelles. Il s'agit du duo du second acte et de l'air d'Hérode, si enfiévré de passion, si amolli de charme : « Vision fugitive !... »

Il parut, du reste, au cours de cette saison, tour à tour aux concerts de nos quatre sociétés musicales. Après son vieil ami Pasdeloup, ce fut le tour de Colonne, au Châtelet, — pour *Jésus de Nazareth*, le duo de *Mireille* et l'air de *Tannhaeuser*. — Puis au Conservatoire, à la Société des Concerts, pour *la Fête d'Alexandre*, le duo d'*Hamlet* (avec Mme Fidès-Devriès) et la prière de *Moïse*. — Enfin, au Château d'Eau, c'est-à-dire aux Concerts Lamoureux, dans le *Sardanapale* d'Alphonse Duvernoy.

Écrite dans le même genre que *la Tempête*, mais non pas à la suite d'un concours, ni, d'ailleurs, dans le même but (car c'est au théâtre que le musicien la destinait, mais il profita des circonstances pour l'essayer d'abord sous cette forme), cette nouvelle partition était encore, proprement, un opéra exécuté au concert. Lorsqu'elle fut mise à la scène, dix ans plus tard, à Liége, elle ne reçut d'autres adaptations que l'addition de plusieurs effets plus spécialement scéniques et, par exemple, un tableau nouveau, le premier du second acte. Le sujet avait été emprunté, par Pierre Berton, à l'un des plus beaux poèmes dramatiques de Byron, mais réduit au plus petit nombre possible de personnages, pour concentrer l'intérêt sur le Roi, ses amours, la conjuration dont il est l'objet, le sursaut d'énergie qui le relève au milieu de ses orgies, sa résolution suprême de ne pas survivre à la défaite, sa mort enfin, sur le bûcher où sa fidèle Myrrha a pris place à ses côtés.

Encore ici, il y avait, à évoquer le personnage, une suite de nuances très variées dont l'expression devait tenter un artiste. Aussi bien, le compositeur avait-il eu constamment devant l'esprit les ressources vocales et le style de celui-là, et, comme dans *la Tempête*, il fut, par lui, servi à souhait. C'était, au début, la grâce alanguie et caressante du dilettante pour qui le plaisir est un art : « ... Dans l'ombre silencieuse..., l'âme de la nature vibre aux baisers du soir... », et cet hymne à Bacchus, évocation de poète plutôt que de débauché. Puis, le réveil, le cri soudain : « Mourir comme un soldat ou vaincre comme un roi ! » et l'appel : « Trompettes sonores... », qui se grise d'enthousiasme. Enfin, l'ampleur suprême de l'adieu à la vie : « Viens à nous, mort libératrice !... » — A feuilleter la partition, on croit entendre encore le souple organe de Faure se modeler à chaque nuance et ménager la séduction des notes hautes, appuyer l'autorité des phrases, varier constamment la couleur des effets sonores... C'est Mme Brunet-Lafleur qui lui donnait la réplique et le jeune Escalaïs, à peine sorti du Conservatoire, à qui avaient été confiées les deux autres parties. L'œuvre fut exécutée trois fois.

En cette année 1882, faut-il éveiller les échos d'autres enceintes ? C'est à Saint-Eustache, avec l'éminent violoniste Herman, un salut de charité et une messe de Sainte-Cécile ; c'est, chez Mme Sautter, le duo d'*Hamlet* et le finale de *Lucie de Lammermoor* avec Marie Van Zandt, ainsi que la chanson du blé, des *Saisons*, de Massé, le *Purgatoire*, de Paladilhe, etc. ; c'est, au Trocadéro, pour deux séances de charité, le duo de *Mireille*, le quatuor de *Rigoletto* (avec Mme Krauss), la prière de *Moïse*, *le Crucifix*... ;

c'est, à la séance donnée par l'Association des artistes de l'Opéra, le même quatuor et la Bénédiction des poignards, des *Huguenots*, c'est-à-dire la partie de Saint-Bris, que Faure, chose curieuse, n'avait jamais chantée à Paris sinon au concert donné, en 1864, à la mémoire de Meyerbeer, au Conservatoire.

L'année suivante est moins riche en auditions de l'artiste. Cependant on le voit, par trois fois, rester fidèle à Pasdeloup, et c'est sous sa direction qu'il chante la partie du roi dans le premier acte de *Lohengrin* entièrement exécuté (avec Bolly, Lauwers, Mme Caron), l'air de *Tannhaeuser*, et la scène finale de *la Walkyrie* ; puis le trio de *Faust* (avec Mme Fidès-Devriès et Bosquin), le *Bon gîte*, une curieuse mélodie de Membrée, et bien d'autres pages. L'occasion d'un concert de charité l'amène aussi à faire apprécier une nouvelle page de lui-même : *Je crois !* et son *Crucifix* chanté avec Carlotta Patti. L'inauguration de l'exposition d'Amsterdam, enfin, obtient son concours et celui de Mme Fidès-Devriès, pour un concert d'ouverture.

En 1884, il se prodigue, comme de juste, au festival de retraite de Pasdeloup, dans la salle du Trocadéro : l'air de Méphisto, de *la Damnation de Faust* : « Voici des roses », est au programme, ainsi que les deux chansons du *Printemps*, de Gounod, le maître au piano, le quatuor de *Rigoletto*, et le duo de *la Muette*, avec Villaret, — mais en partie doublé par tous les ténors et tous les barytons de nos scènes lyriques... Cette étrange attraction fut longtemps à la mode ! — Surtout, il profita de l'apparition de plusieurs œuvres nouvelles, hors Paris, pour en donner aussitôt la primeur aux habitués de nos concerts, et il est bon d'y insister un peu davantage.

On peut goûter ainsi, chez Pasdeloup, l'air principal de don Pedro dans le *Pedro de Zalamea* de Benjamin Godard, qu'Anvers vient de représenter. Chez Colonne (où il paraît dans cinq concerts de suite), c'est le madrigal de Richard III de Salvayre, qui a été donné à Saint-Pétersbourg (mais dans une version italienne). Puis, le second acte du *Sigurd*, d'Ernest Reyer, qui triomphe à Bruxelles ; par conséquent les larges et graves récits du prêtre d'Odin : invocation à Freïa, interrogatoire des trois guerriers venus des bords du Rhin, oracle du sommeil enchanté de Brunehilde... On perdrait malaisément le souvenir de la majesté et du style que Faure donnait à ces pages où son jeune émule, Maurice Renaud, venait de faire ses premiers pas dans la carrière... C'est encore, d'une part, le septuor du second tableau de *Tannhaeuser*, avec la belle phrase de Wolfram accueillant son ami retrouvé : « Salut, salut, ô chanteur magnanime !... » que nul, depuis, n'a chantée comme lui; de l'autre, l'admirable scène de l' « enchantement du Vendredi saint », au troisième acte de *Parsifal* : les paroles sereines de Gurnemanz, son accueil surpris puis déférent et enthousiaste de Parsifal qu'il bénit et qu'il arme... Et l'on juge du caractère que prenait cette scène, de l'impression, encore si nouvelle, qu'elle laissait aux auditeurs!

Puis, voici l' « élégie » écrite par Massenet d'après le motif de violoncelle des *Erinnyes*, aux sonorités veloutées. Voici *Plaisir d'amour*, de Martini, une bluette, mais à laquelle Faure donnait un sentiment exquis, une pureté incomparable, en la débarrassant de toute fioriture... Voici *Fritiof*, de Max Bruch. — Cette pittoresque légende norvégienne, exécutée, sous la direction de Colonne, au Trocadéro, comporte deux personnages, avec les chœurs : Ingeborg et Fritiof; mais la partie de ce dernier est considérable. C'est son retour vainqueur en Norvège, avec ses compagnons, et son salut à la patrie retrouvée ; l'incendie vengeur mais sacrilège qu'il déchaîne sur le temple de Balder; sa tristesse errante dans l'exil et sa belle invocation : « O ma Norvège, ô sol sacré !... » C'est enfin le pardon obtenu au tombeau de son père dont il a évoqué l'esprit. Faure donnait à ces nobles pages une couleur originale et fraîche comme une brise de mer.

On entendit encore *Fritiof* au Cirque, aux Concerts dirigés par Benjamin Godard, mais au début de 1885. La même séance comportait un air des *Guelfes*, l'importante partition de ce compositeur, si longtemps inédite et qui ne devait voir la rampe que dix-sept ans plus tard, à Rome : il s'agit de l'air du roi Manfred.

On notera encore, rapidement, pendant cette même année : au Châtelet, *la Sérénade*, de Schubert, et l'*Adieu*, ainsi que le second tableau de *Tannhaeuser ;* et, au Trocadéro, dans une matinée au bénéfice de l'acteur Dumaine, *le Crucifix*, avec Vergnet, le duo de *Mireille*, avec Adèle Isaac et le quatuor de *Rigoletto* avec les deux artistes et... l'admirable Alboni, qui avait consenti à faire entendre une dernière fois sa voix de cloche que l'âge ne pouvait fêler.

Plusieurs pages nouvelles apparaissent sur les programmes de 1886. Ainsi, un concert en l'honneur de Godard avait amené Faure à Genève : il y créa la belle *Symphonie légendaire*, qui contient une prière et un duo.

L'œuvre eut également son audition à Paris quelques semaines plus tard, au Châtelet. On entendit encore, à ces mêmes concerts Colonne, l'air (de Zurga) et le duo des *Pêcheurs de perles*, de Bizet, l'air d'*Œdipe à Colone*, celui d'*Hérodiade*, la prière de *Dimitri*, de Joncières, et deux inédits : une mélodie de Massenet, *les Enfants*, que la mode devait rendre si célèbre et dont Faure du moins, rendait légère l'afféterie ; et l'*Hercule mourant* d'Hérold, une sorte de cantate datée de 1811, c'est-à-dire des années de Conservatoire de l'auteur du *Pré-aux-Clercs*, qui n'avait jamais été exécutée ni publiée.

Au Cirque, le Vendredi saint, après un *Agnus Dei* de Mozart, Faure chanta encore quelques pages relativement nouvelles : des fragments de *Noé*, l'opéra biblique de Bizet, qui date de 1869, mais venait seulement de voir la rampe... à Carlsruhe, Mme Caron et le ténor Cazeneuve y tenaient aussi leurs parties. — Enfin, une soirée, chez Legouvé, fit entendre le duo de *la Flûte enchantée*, avec Mme Bilbaut-Vauchelet.

Mais il est temps de poursuivre, d'aborder l'étude des deux dernières œuvres marquées à jamais de l'interprétation de l'illustre artiste et qu'on peut vraiment appeler son « chant du cygne » tant les accents en furent beaux, le style grandiose, l'expression inoubliable : *la Rédemption* et *Mors et Vita*. Ces deux « trilogies sacrées », d'une inspiration si noble et si pure, qui font tant d'honneur à la vieillesse de Gounod, avaient été exécutées, toutes les deux, à Birmingham, l'une en 1882, l'autre en 1885, et étaient demeurées à peu près inconnues à Paris, lorsqu'elles furent données sous la direction de l'auteur, dans la grande salle du Trocadéro, le 7 juin 1884 et le 22 mai 1886. L'exécution souveraine de Faure, qu'entouraient d'ailleurs des artistes comme le ténor Ketten, avec Mme Fidès-Devriès et Rosine Bloch, comme le ténor anglais Lloyd, avec MMmes Krauss et Conneau, ne fut pas pour peu de chose dans l'éclatant succès qui les accueillit.

Dans *la Rédemption*, qui évoquait la Passion et la Mort du Sauveur, puis sa vie glorieuse sur terre entre sa résurrection et son ascension, Faure avait assumé deux parties : celle de Jésus et celle de l'un des deux récitants. Mais, à les entendre, nul n'eût pu les confondre ; car, dans la bouche de l'admirable chanteur, elles n'avaient ni la même couleur, ni le même accent, ni le même timbre, rappelant, en quelque sorte, aux souvenirs lointains de ses plus anciens auditeurs, le temps où sa jeune virtuosité s'était plue à cette dualité de voix au profit de certains opéras-comiques, Faure donnait réellement l'impression de deux voix, et pas seulement dans leur style, mais dans leur nature même. C'est la plus belle réussite technique de ses dernières années publiques, et c'est en même temps la plus haute expression de sa personnalité d'artiste. Dans le Récitant, il était robuste et vibrant ; il racontait, il s'indignait, il priait en homme. Dans Jésus, une insigne majesté imprégnait son verbe sobre et doux, qui semblait venir d'un autre monde et pénétrait jusqu'au fond du cœur. Cette impression, très présente encore à ma mémoire, me reste comme quelque chose d'incomparable et sans analogue... Avec quel respect religieux ne faisait-il pas sortir de ses lèvres ces mots que, seul, le prêtre à l'autel prononce, en lisant les textes sacrés : « Pardonnez-leur, mon Père... ils ne savent pas ce qu'ils font !... »... « Femme, voici ton Fils ! »... « Pourquoi m'avez-vous donc abandonné, mon Dieu ?... » ... « Mon Père, entre vos mains je dépose mon âme... » Enfin, ce dernier adieu aux Apôtres : « Portez aux nations le Verbe salutaire... Allez, enseignez-les comme je vous l'ai dit. ...les baptisant au nom du Père, et du Fils et du Saint-Esprit. ...Je vous laisse ma Paix et je vous accompagne ...jusqu'à la fin des temps. »

Gounod, pour cet oratorio, de contexture très classique, avait conçu un style de déclamation particulièrement large et soutenu, dont il devait accentuer encore, dans *Mors et Vita*, l'ampleur liturgique. On comprend sans peine que, pour lui donner son vrai caractère, il y fallait le concours, la collaboration pour mieux dire, d'un artiste aussi maître de sa voix que l'était Faure. Avec ce timbre souple et coloré, avec cette modulation constamment expressive et constamment harmonieuse, avec cette diction nourrie de pensée, évocatrice et pénétrante, nulle crainte que cette « fresque » ne tombât dans la monotonie, même sur un texte uniquement tiré de la liturgie et dont la première partie est une vraie messe de *Requiem*. — Ici, l'impression de beauté vocale était peut-être plus savoureuse encore, sinon aussi émouvante, et l'autorité de déclamation plus saisissante et plus altière, par cette simplicité mélodique des périodes souvent plus développées, soit en solo, soit en quatuor. Comment oublier l'ampleur que prenaient des phrases comme l'*Ego sum resurrectio et vita* du début, celle de la résurrection des morts : ... *tunc sedebit super sedem Majestatis suae...*, celle du jugement : ... *Venite, benedicti Patris mei...*, celle enfin de la Jérusalem céleste : *Et ego Johannes vidi... ?*

Quelle pensée ne devait pas traverser l'esprit de l'artiste en prononçant ces paroles liturgiques ! Ne résumait-il pas là, en quelque sorte, toute sa vie de travail et de foi, commencée dans une humble maîtrise et qui avait tellement dépassé ses plus beaux rêves d'enfant de chœur ?...

Mors et Vita fut exécuté à plusieurs reprises, avec son concours, en 1886 puis en 1888. Bien que de plus en plus rares, d'autres occasions, en ces années, furent encore offertes d'entendre l'artiste. On citera notamment, en 1887, chez Pasdeloup (qui devait mourir quelques semaines plus tard), des pages de *Tannhaeuser* et de la *Symphonie légendaire* de Godard, et un *Notre Père*, à deux voix, œuvre nouvelle, que Faure venait d'écrire, qu'il chanta avec Escalaïs, et redit, peu après, avec Talazac, à la Comédie Française, au cours de la représentation de retraite de Delaunay, avec le trio final de *Faust* ; — au Trocadéro, pour l'Opéra-Comique, des fragments de *Mireille*, avec Mme Carvalho, sous la direction de Gounod ; — un concert populaire à Nantes, une soirée chez Pierre Véron...

En 1888, c'est, à Saint-Eustache, pour une cérémonie à la mémoire de Mme Boucicaut, un nouveau *Pie Jesu*, avec orgue et solo... C'est un festival Lamoureux, au Trocadéro, et deux séances des concerts réguliers dirigés par celui-ci, où Faure chante l'air d'*Hérodiade*, le duo des *Pêcheurs de perles* (avec Vergnet), l'Étoile, de *Tannhaeuser*, *Plaisir d'amour*... et qui font dire à un critique, enthousiasmé : « Vraiment, quand on l'entend, on se sent dans une autre sphère ! »

J'ai dit qu'il garda un silence obstiné pendant l'Exposition Universelle de 1889. Ce n'est qu'en 1891, pour l'Association des Artistes dramatiques, qu'il consentit à reparaître. Aussi ses collègues lui préparèrent-ils une émouvante manifestation. Après le duo de *Mireille* (avec Mme Rose Caron) et l'air d'*Hérodiade*, il chanta *le Crucifix* avec dix-sept ténors et barytons (parmi lesquels Talazac, Vergnet, Duc, Sellier, Melchissédech...) et l'ovation que ceux-ci lui firent publiquement, sur la scène, le toucha très profondément.

Une œuvre inédite, et de débutant, ou presque, couronnée, comme naguère celle d'Alphonse Duvernoy, au Concours de la Ville de Paris, et qui espérait la scène, décida cependant, une fois encore, le noble artiste à reparaître devant une assistance parisienne. Le 24 mai 1892, au Trocadéro, Faure interprétait *Mérowig*, l'intéressant drame lyrique de Samuel Rousseau.

C'est à un épisode des guerres du VIe siècle, tiré des *Récits Mérovingiens*, d'Augustin Thierry, que le librettiste, Georges Montorgueil, avait emprunté son sujet. Faure y tint deux rôles : celui d'Hilpérick, d'abord, le roi d'Austrasie, vainqueur de Sigebert et qui vient prendre possession de Paris ; puis celui de l'évêque Prétextat, accueillant sur le parvis de la cathédrale de Rouen, Mérowig, le propre fils du roi, et Brunehilde, que son amour a replacée sur le trône.

Ici, une fastueuse chanson à boire : « Versez la cervoise blonde... » et l'ironique salut du vainqueur à la reine qu'il a faite veuve... Là, l'onction majestueuse des prières, le mariage solennel et la bénédiction des deux rebelles. Cette opposition même avait plu à l'artiste, qui en rendait, avec son aisance habituelle les contrastes de violence et de majesté, de simplicité et d'orgueil.

Après quoi, si l'on peut encore entendre Faure autre part que dans l'intimité, c'est à l'église et dans des circonstances tout exceptionnelles. Telles, en 1894, aux obsèques du président Carnot, à Notre-Dame, pour chanter son *Pie Jesu* (Saint-Saëns tenant l'orgue) : l'orchestre lui fit une ovation et la Garde républicaine l'acclama à la sortie ; telles, en 1900, au Trocadéro, pour la Maison des artistes de Pont-aux-Dames, et pour soutenir dans son œuvre le fondateur Coquelin (on l'entendit dans les duos de *Mireille* et du *Crucifix*...) — telles enfin, le 17 mars 1903, encore, à Notre-Dame-des-Victoires, aux obsèques de Legouvé. L'illustre artiste avait alors soixante-treize ans.

Il avait beaucoup chanté à l'église, cela va de soi : il avait le sentiment inné de cette musique, il savait le style spécial qu'il lui faut conserver, il composait pour enrichir son répertoire... Nous ne pouvons le suivre jusque dans ces enceintes ni interroger ses programmes. Il suffira de rappeler qu'il prêtait ordinairement son concours à la messe annuelle de sainte Cécile, à Saint-Eustache, ou à des *Saluts* en cette même église... Et combien de messes de mariage ou d'enterrement ont bénéficié de sa voix si émouvante ! Que d'amis, parfois à l'improviste, ont éclaté en sanglots, en l'entendant soudain, qui avait voulu ainsi prier, pleurer avec eux !

En dehors des motets de sa propre composition, c'est surtout le *Pater Noster* de Niedermeyer qu'on entendait, l'*O fons pietatis* de Haydn, l'*O Salutaris* de Samuel Rousseau, le *Pieta Signore*, dit de Stradella, des pages du *Stabat* de Rossini, un *Agnus Dei* de Mozart.....

Et nous avons vu qu'il en choisissait toujours lorsque Pasdeloup ou Colonne l'engageait pour le concert « spirituel » du Vendredi saint; et cette idée, toute simple, n'était pas si banale, on le sait...

Il ne peut être question davantage d'insister sur le choix des morceaux qu'il réservait aux soirées mondaines. Au surplus on peut s'en faire une idée suffisante par ses programmes des concerts publics : ce n'est pas des effets de théâtre qu'il cherchait, — et que doit chercher, en pareil cas, un chanteur de théâtre, — mais des expressions de beauté, de pure beauté musicale. Je reviendrai sur ce chapitre en parlant de son art du chant.

Sa retraite si prématurée de la scène, avait, je l'ai dit, surpris bien des gens. Plus qu'un autre, pourtant, Faure était en mesure de n'en pas souffrir. Ce n'est pas qu'il se fût ménagé ainsi, comme ont fait la plupart des artistes « arrivés » et comme on supposait qu'il ferait, un triomphal et fructueux voyage à travers les deux mondes. Certes, il ne dépendait que de lui de draîner l'or américain, et, s'il préférait rester en Europe, toutes les scènes étrangères eussent lutté entre elles pour le posséder.

Ce n'est pas, encore, qu'il eût pris goût à l'enseignement... Il importe même d'insister sur ce point, qu'il ne donnait pas de leçons : il n'en a jamais donné, à proprement parler. Il a pu accorder des conseils, mais *personne* n'a eu le droit de se dire, réellement « son élève » : il l'a formellement déclaré. La raison en est, d'une part, qu'il répugnait à toute responsabilité de ce genre ; de l'autre, qu'il redoutait par-dessus tout d'enchaîner sa liberté.

Et ceci seul suffirait, soit dit en passant, à prouver combien peu il était « intéressé ». On a prétendu, souvent, qu'il l'était, parce que, lorsqu'il fut en situation de tout exiger pour se faire entendre, au théâtre, au concert ou dans le monde, il jugeait qu'il était de sa dignité d'artiste de se montrer exigeant en effet, et plus que personne. Mais, entre ces principes, assurément défendables, qu'appuyait une entente experte dès affaires, et la « fureur d'accumuler » imaginé par certains, il y a un abîme. Sans parler de ces leçons, qu'on lui demandait du monde entier et qui eussent été, à elles seules, une fortune, sans insister sur son refus obstiné des offres les plus séduisantes que lui apportaient les maisons de gramophones, avec quelle insouciance n'avait-il pas renoncé à sa situation exceptionnelle à l'Opéra ! Que d'engagements formidables n'a-t-il pas refusés !... Et combien de fois a-t-il chanté pour rien ! — Non, jamais, quelque offre qu'on lui pût faire, il n'a laissé passer l'attrait du bénéfice au-dessus de son indépendance et de ses goûts : c'est le fond de toute son attitude pendant cette longue retraite ; c'en est l'originalité, peut-être, c'en est l'honneur, à coup sûr.

Ses goûts, on s'en souvient encore, étaient ceux de l'amateur d'art le plus délicat et le plus averti. Faure a été, toute sa vie, un collectionneur au goût difficile. L'instinct, le sens de cette passion est inné lorsqu'elle est sincère. Il s'était manifesté chez lui tout enfant, et lorsqu'aucune idée ne pouvait lui venir qu'il la satisferait jamais le moins du monde. On raconte qu'il revint une fois, tout joyeux, à la maison, possesseur d'une gravure ancienne découverte par lui dans une boîte à ordures...

Et de fait, son œil sut voir et distinguer, et faire de ces « trouvailles » qu'aperçoivent seuls les initiés. Un inlassable besoin d'information donna ensuite, peu à peu, de la solidité à son goût, de la sûreté à son jugement. Sa jeune notoriété lui facilita la fréquentation des artistes, des ateliers. Il s'éprit surtout de la peinture, et de la peinture la plus moderne, avec passion. Il avait fait la chasse aux occasions ; maintenant il choisissait, il commandait, il avait une galerie.

Il en eut même plusieurs, successives : c'est l'aventure ou la manie de la plupart des collectionneurs. On ne sait se borner ; un attrait toujours renouvelé impose l'abandon des premiers amis au bénéfice des derniers, à qui il faut faire leur place...

Deux ventes qui firent quelque bruit à leur époque et qui en feraient bien d'autre aujourd'hui, eurent lieu ainsi en 1873 et en 1878. La première ne comportait pas moins de 5 Corot et de 6 Delacroix (dont *les deux Foscari*, *Ophélie*, *le Christ au Tombeau*) avec des Jules Dupré, des Millet, des Rousseau, un Troyon, etc. La seconde, reflet plus direct de ses goûts avancés, renfermait, avec des Corot encore, et des Jules Dupré, des toiles de Claude Monet, Pissaro, Diaz, Courbet, Jongkind, Fortuny, Boldini, Manet enfin, qu'il avait été des premiers à apprécier et dont il garda toujours quelques-unes des œuvres maîtresses.

On s'étonnait souvent de ce qui semblait un désaccord flagrant entre ses exigences pour lui-même et ses préférences en peinture. Son art était fait de perfection, de fini... et, de même que les chanteurs de « foyer », de passion, hasardeux mais sincères et vrais, l'intéressaient par-dessus tout, ce sont en peinture les impressionnistes, les réalistes, dont l'éloquence nouvelle le séduisait d'abord. — Il en eut, parfois, quelques mécomptes, témoin l'un de ses propres portraits qui le déçut fortement (« Hamlet, devenu fou, se fait peindre par Manet » prononça Cham dans son *Salon* en caricatures).

Rien de médiocre, au surplus, ne prenait place dans sa galerie, aucun parti-pris n'en faussait l'esprit. Aussi bien, sa vraie collection, on peut le dire, est celle qui charma toutes ses années de retraite, et l'on y rencontrait, au même titre, de précieux morceaux d'Ingres, d'exquis Prudhon, de fins Meissonier, et quelques-unes des plus importantes toiles de Manet, Sisley ou Degas, de Monet ou de Zorn...

D'autres pensées que celles de l'art proprement dit guidaient parfois ses yeux de collectionneur. Dans les dernières années où il se plaisait encore à fouiller parmi les bric-à-brac, il recueillait avec soin les Christs détachés de leur croix et jetés à la ferraille. Il en avait ainsi toute une série, de tous styles. Et cette idée touchante étonne peu de son esprit si foncièrement religieux.

Il ne négligeait d'ailleurs pas les objets de vitrine, les miniatures, les tabatières, les ivoires, les petits bronzes ; ni les faïences non plus... Sa villa d'Étretat (bâtie sur ses plans, dans un terrain acheté en 1877) était à elle seule un vrai musée plus spécialement consacré aux autres objets que les tableaux ; et une collection régionale de faïences y était disposée... Hélas ! Cette précieuse maison, cette collection unique devaient être, en 1914, la proie des flammes !... Cette destruction irréparable fut soigneusement cachée au vieillard, alors à Paris, et qui l'ignora jusqu'à sa mort.

Des belles choses dont il avait su s'entourer, Faure tirait des jouissances toujours nouvelles, qui lui facilitèrent certainement le renoncement progressif à son essentielle passion : la musique. Il n'était jamais plus heureux qu'à son foyer, dans son appartement du boulevard Haussmann ou dans cette villa d'Étretat où il travaillait avec plus de concentration que partout ailleurs. Entouré de ses proches, sa fidèle compagne, son fils, sa belle-fille, ses petits-enfants, entre son piano et ses tableaux, homme de devoir, homme de bien, il attendait avec calme l'heure de Dieu.

Aussi bien, plus il avançait en âge et plus il adoptait l'attitude dont j'ai loué, dès le début de cette étude, la noblesse et la haute dignité : cette sorte de *repli* sur soi qui le portait à fuir tout ce qui pouvait lui rappeler son passé et la mélancolie d'y survivre. Il aimait à parler de son art, à en mettre en relief la beauté et l'esthétique, à en expliquer l'enseignement ; il n'aimait pas à parler de lui-même. Assez d'autres imposent autour d'eux, et s'efforcent de pro-

L'Africaine, rôle de Nelusko.

longer une souveraineté dont le rayonnement a depuis longtemps pâli. Lui ne cherchait qu'à s'effacer, à se faire oublier.

C'est pour lui seul, peu à peu, qu'il composait, qu'il chantait, qu'il *étudiait* encore... Oui, un art qu'on aime avec une passion semblable à la sienne, réserve toujours quelque source d'étude à qui veut y puiser, et les *exercices* auxquels il maintenait assouplie, même pour n'en plus faire usage, cette voix incomparable, évoquaient encore une beauté : le passant, séduit, s'arrêtait pour les écouter.

Il laissait aussi la bride à son inspiration de compositeur... J'interrogerai tout à l'heure son œuvre musicale, comme sa technique lyrique. Il semble avoir commencé d'écrire vers 1860, au moins, sa longue série de mélodies ; ses dernières productions, toutes consacrées à la musique d'église, ne dépassent pas l'année 1904. Il avait, d'autre part, accepté de fixer par écrit les éléments de sa méthode vocale, les conseil de son expérience. Les pages originales et nourries qu'il fit paraître en 1886, sur *la Voix et le Chant*, n'ont pas moins fait pour sa gloire que ses meilleures œuvres de musicien. On ne sait qu'y louer davantage, du profond sens artistique qui a présidé à sa composition, ou de la sagesse, de la raison, de la discrétion qui ont dicté les conseils dont il est plein. Jamais on n'avait si bien dit, et si simplement, ce qu'il faut faire pour perfectionner la voix qu'on a reçue en don ou pour acquérir ces trois qualités non moins essentielles : le style, le goût et le sentiment.

On aimerait à se figurer sa robuste vieillesse s'endormant enfin dans une sérénité harmonieuse comme sa vie... Hélas ! il a trop vécu plutôt. Car ses dernières années ont été infiniment attristées, non seulement par la mort de sa femme (1905), dont il ne pouvait réellement se remettre, si grande était la place qu'elle tenait au foyer, mais par un genre particulier de surdité qui *désaccordait* ses oreilles et le priva de sa principale jouissance d'artiste. Aussi peut-on dire qu'il avait dès longtemps perdu tout goût à la vie quand la vie le quitta enfin, sans secousse, comme une paix suprême, le 9 novembre 1914.

CHAPITRE CINQUIÈME

L'Art vocal. L'Œuvre musicale.

Il nous reste à étudier Faure, d'un peu plus près, dans les deux expressions de sa personnalité d'artiste : sa technique vocale et ses compositions musicales. La seconde a des droits à l'attention, et plus, sans aucun doute, qu'on ne l'imagine généralement : il ne sera que justice de lui accorder un examen sérieux. Mais la première est la plus essentielle. Elle a été toute la joie, toute la passion, toute la vie de ce noble artiste ; elle a été sa supériorité éclatante ; elle a été son honneur insigne et, par là même, celui de l'École française, qui, à tous ces titres, lui doit respect et reconnaissance.

Hélas ! le souvenir que laissent ainsi les chanteurs, les comédiens, survit à peine, à la génération qui les a applaudis, autrement que par ouï-dire et selon la confiance accordée à ceux qui en ont parlé, qui l'ont fixé en le jugeant.

De toutes les impressions sonores, la plus exquise, sans doute, mais la plus subtile et la plus fugitive est celle que donne la voix. Infiniment changeante et variable, elle se renouvelle toujours, elle n'est jamais, comme tel instrument, un fait acquis et qui ne se perd plus. L'expression qu'a revêtue la voix est unique ; l'impression qu'elle a laissée a pu ravir jusqu'au transport... Mais le souvenir en est si fragile qu'il faut, au bout de peu de temps, aux mémoires musicales les plus douées, un effort de concentration mentale extraordinaire pour recueillir encore quelque écho de la jouissance auditive dont elles avaient été ravies.

Quelle vanité que d'essayer une définition de la voix de Faure ! Tout au plus en peut-on faire soupçonner le caractère à travers sa méthode, son art de chanteur, son art de comédien lyrique, les étapes de sa carrière... A ce point de vue, les pages qu'on vient de lire n'ont pas été sans répondre à la question. Serrons cependant de plus près, il en vaut la peine, les dons de cette voix et la pratique de cet art.

Sa voix d'enfant, nous l'avons noté, était un soprano délicieux : sonore, étendu et d'une persistance exceptionnelle. Il faut lire dans ce livre merveilleux de bon sens et de largeur d'esprit qu'est *la Voix et le Chant*, — « le plus captivant qu'on ait écrit » a dit justement M. Reynaldo Hahn — le juste tribut de reconnaissance que Faure adresse aux maîtrises, où se formaient de bonne heure de vrais musiciens et où l'on apprenait à ménager la voix dès l'enfance. Après une mue qui en fut comme la réaction, violente à proportion, ce soprano fit place, comme il était naturel, à une basse, mais à une « basse chantante », souple et mélodieuse, vibrante jusqu'à l'excès dans le grave, et pourtant légère et ductile. Ce que devint, en peu d'années, cet organe incomparable, on le sait : le plus surprenant, le plus séduisant baryton, aussi capable de puissance et de relief au bas de l'échelle que de finesse et de charme au plus haut, avec un médium d'une ampleur souveraine ; une voix admirablement posée, d'une justesse absolue, d'une étoffe superbe, d'une égalité complète dans les divers registres, d'une unité parfaite de sonorité...

Sa voix... quelles satisfactions personnelles, intimes, ne lui donnait-elle pas ! Rien ne lui coûtait pour s'en rendre maître, pour la conduire, la maintenir à sa pleine valeur, pour la sauvegarder. Nul sacrifice ne lui paraissait discutable dès que la « santé vocale » était en jeu, nulle renonciation d'amour-propre, si le succès devait être acheté d'un effort anormal.

Mais aussi, quel souci de perfection ! Quelle conscience et quelle sévérité de contrôle sur soi avant d'affronter le public ! Qui, jamais, a surpris de l'à-peu-près et du hasardé chez lui ? Qui a pu avoir l'impression, simplement, d'une défaillance dans ses moyens ? C'est qu'aucune considération de succès ou de bénéfice ne l'eût fait hésiter à garder le silence plutôt que d'en arriver là. Il se connaissait si bien ! Il savait si bien ses ressources et leurs limites... et que « des études constantes de mécanisme sont d'autant plus nécessaires que les moyens de l'artiste sont plus beaux, la voix plus pure, plus parfaite ! » — Et il ajoutait cette remarque, dont la justesse s'observe si souvent : « On juge d'autant mieux des ressources que l'art et l'étude ont mises au service d'un artiste, lorsqu'il n'est pas en possession complète de ses moyens. »

Ce sont les termes de l'un des préceptes de ce traité que je signalais tout à l'heure ; et, en effet, à chaque page de ce livre d'une observation si aiguë, d'un esprit si large, on reconnaît que le précepte est justifié d'avance par l'exemple même du Maître. Foin du dogmatisme étroit, des procédés bizarres, des exigences puériles ! La simplicité, le naturel ; ni parti-pris, ni contrainte ; mais intelligence et étude des vraies ressources de la voix qu'on a ; observation de sa *tessiture*, et sacrifice de tout ce qui l'en ferait sortir..., sacrifice du tempérament même, s'il n'est pas en harmonie avec la voix.

« Il n'y a pas d'études superflues », ajoutait-il. Et en effet, pour lui-même, il ne se lassait pas d'en chercher quelque prétexte, ne négligeant d'interroger aucune méthode, aucun maître, ou soi-disant tel (plus d'un s'est imaginé, naïvement, par la suite, lui avoir donné des leçons !). Aussi avait-il épuisé vraiment toutes les virtuosités. Les plus inutiles, de fait, ne sont pas les moins nécessaires au point de vue éducatif. Tels, jadis, dans les classes de lettres, ces vers latins, tant ridiculisés, qui constituaient un si utile exercice.

Mais il fallait être de son intimité pour se rendre compte

des tours de force dont cette voix eût été capable. J'ai déjà conté, je crois, qu'en dépit de la mue, il avait gardé sa voix d'enfant ; au vrai, c'était comme une voix de femme, pleine et sonore, et vous en auriez juré si vous l'aviez entendu, sans le voir, dans une pièce voisine, entonnant, par exemple, l'air de *Lucie de Lammermoor*... Ou bien, définissant tel trait de virtuosité de tel chanteur célèbre, il s'amusait à en donner lui-même l'idée : il chantait ainsi le passage du final des *Puritains* (*Ella è tremante*...) où, dans un élan pathétique, Rubini lançait un contre-fa aigu... Et cette note prodigieuse sortait de sa bouche, ronde et lumineuse comme une flamme ! — On raconte qu'à une répétition des *Huguenots*, où, suivant son habitude, il chantait à mi-voix, Meyerbeer lui ayant demandé s'il était fatigué, Faure, comme réponse, lança, *dans le ton*, la phrase du ténor : « Et bonne épée et bon courage... » Et le maître de s'exclamer.

Mais n'avait-il pas eu, à l'occasion, dans sa jeunesse, la coquetterie d'utiliser pour certains rôles deux voix de timbres nettement différents, l'une en basse, l'autre en ténor ; et n'est-ce pas encore de cette facilité qu'il usa d'une si admirable façon, dans sa maturité, au profit de la *Rédemption* de Gounod, en donnant un caractère distinct aux deux personnages qu'il évoquait ?

C'est cette souplesse absolue et comme infinie de la voix qui permet de lui donner... à peu de frais, dirai-je... tant d'éloquence. La voix de Faure, j'entends sa voix toute seule, son organe, n'avait, au fond, comme volume, comme puissance, rien d'exceptionnel. Eh bien ! rappelez-vous ce qu'on en disait dans le public, dans le peuple. Mes oreilles d'enfant s'en souviennent encore : c'était la voix unique, colossale, telle que pas une ne pouvait lui être comparée... Et ce jugement... impressif... était le plus exact qui pût être. Au théâtre, tout est dans l'*effet*. Or, sans effort, et par sa seule autorité, son intensité d'expression, la voix de Faure restait maîtresse de toutes les autres. Les professionnels le savaient bien, et seuls les sots s'imaginaient pouvoir jouter avec elle. Il y a sur ce point de savoureuses anecdotes.

Par exemple, celle de certaine représentation de *Faust*, à Lyon, au cours des tournées de l'artiste. M. Jacques Isnardon, qui y assistait, la conte de vivante façon dans son traité *le Chant théâtral.* Le baryton du théâtre (Delrat), qui devait chanter Valentin et dont la voix robuste écrasait tout, avait goguenardé dans les cafés, déclarant qu'il « mettrait le Maître dans sa poche », qu'il l'attendait au trio du duel et à son point d'orgue. Aussi son entrée sur les mots : « Que voulez-vous, Messieurs ? » fut-elle, dès l'abord, comme un coup de tonnerre. Faure eut un mouvement de surprise, mais comprit aussitôt, et prenant l'affectation contraire, laissa tomber, à mi-voix, mais avec une ironie coupante et significative la réplique : « Pardon, mon camarade !... » Et dès lors, tandis que Valentin hurlait et s'époumonait, Méphisto détachait une voix claire, articulante, ricanante... On n'entendait que lui. Seulement, lorsqu'arriva le « *Tu* t'en repentiras ! », on eût dit que la salle entière vibrait, et au fameux point d'orgue, prenant sa note à l'octave, à l'unisson des deux autres voix, il la tint avec une fermeté telle et si longtemps, que celles-ci durent lâcher la partie, effondrées...

Il est vrai que la respiration de Faure tenait du prodige. « Mon mari est arrivé à respirer de la Madeleine à la Bastille », disait en riant Mme Faure. De fait, quand il chantait, surtout dans les andantes, il donnait l'impression de ne respirer jamais, comme s'il avait la faculté de faire pénétrer l'air pendant l'émission même du son. Tous ceux qui l'ont connu se souviennent de ces petites démonstrations qu'il s'amusait à faire. Par exemple, lorsque, au milieu d'une phrase, sans achever le mot commencé, il partait en vocalises, et si longues, si longues, qu'on s'asseyait découragé d'en attendre la fin. — C'est bien ce qu'il dit dans son livre : « On ne devrait pas plus se préoccuper de la provision d'air, quand on attaque, que les orateurs, quand ils parlent. » Et encore : « Ce n'est pas la quantité d'air qui importe le plus, mais la répartition qu'on en fait. »

Tous les avantages qui peuvent servir la *voix*, il les avait, mais c'est l'*art* qui en tirait parti. De cet art, on eût vainement cherché les limites, car, lui-même, Faure y a passé sa vie. Son traité, qui n'est pas un traité et dont le titre modeste évoque un simple résumé d'observations et de conseils, en peut donner quelque idée; car lorsqu'il dit : « Vous feriez bien de faire ceci ou cela », il convient de de toujours sous-entendre : « C'est ce que j'ai fait, et je m'en suis bien trouvé. » Lisez de près ses conseils, ses indications : à chacun on pourrait attacher tel exemple connu et magnifique qui en est la meilleure justification.

« La voix ne suffit pas à faire un artiste. » Ce principe, posé, n'est-il pas déjà tout un programme? La nécessité de s'en pénétrer, tout simple qu'il soit, est de tous les temps, d'aujourd'hui comme d'hier et de jadis.

Il ajoutait : « Pour faire un artiste, il faut le *style*, le *goût* et le *sentiment*. Et qui en eut plus que lui ?

Le style, c'est l'évocation, naturelle et sans recherche, de l'exacte pensée de l'auteur, telle qu'il la conçut. C'est encore l'adaptation, sous le contrôle du goût, aux circonstances et au milieu. Le style, c'est de ne pas interpréter une mélodie comme un air d'opéra ; c'est de sacrifier l'effet à la vérité d'expression ; c'est, comme faisait Faure, de chanter à l'église d'une toute autre façon qu'au concert et dans un salon d'une toute autre façon que sur la scène.

Cette variété était vraiment l'un des attraits les plus savoureux que l'on pût éprouver à l'entendre. Comme elle était sans effort ni affectation, on n'en saisissait pas toujours, d'abord, le caractère et la cause ; mais, dès qu'on raisonnait un peu la plénitnde harmonieuse de l'impression reçue, de quelle admiration ne se sentait-on pas pénétré !

On est souvent curieux d'entendre, par hasard, un chanteur d'opéra dans un salon : on escompte ces grands effets, que l'on admire tant sur la scène et qu'il semble que, de près, on goûtera mieux encore... Et, très vite, on est déçu, surpris, puis fatigué. La proportion n'y est plus, le côté conventionnel apparaît trop, le charme s'envole avec le rapprochement..., on est frappé soudain comme d'une fausse note.

Avec Faure, jamais pareille impression. Non seulement la voix qu'il faisait entendre semblait exactement appropriée à l'enceinte, et, quelle que fût celle-ci, y rayonnait avec une semblable autorité, mais on y découvrait maint attrait nouveau : telle expression plus pénétrante, telle finesse plus séduisante et plus vraie... Et l'on admirait par-dessus tout la simplicité du style et l'éloquence incroyable qu'elle imposait. Ceci, pour le coup, n'est plus affaire seulement de mesure et de style, mais de goût et de sentiment. Le parti qu'il tirait d'une simple mélodie, par la seule vérité de l'accent, par la pensée vivante de sa diction lyrique, par la pureté sans apprêt mais si éloquente de son organe, était réellement inattendu. Et, encore une fois, l'effet, non pas d'ampleur ou d'éclat, mais d'intimité et de charme, demeurait le même, qu'il eût un salon pour cadre ou la plus vaste salle de concert. La mesure restait égale.

De même à l'église, mais alors avec un style très différent, où tout effet de théâtre et même de concert était sévèrement proscrit. Ici, point de notes exceptionnelles, point d'éclat déplacé, point de fioritures d'une élégance frivole, point de mièvrerie dans les nuances (comme on n'en entend que trop dans les sanctuaires). Tous ces effets de théâtre *gênent* l'auditeur, — observation on ne peut plus exacte, — comme les élans passionnés, dramatiques... La netteté, la fermeté du phrasé, la profondeur de l'expression, la discrétion, comme respectueuse, de la couleur générale, voilà ce qu'on admirait chez l'artiste... Son chant d'enfant, on s'en souvient, paraissait une prière. La maîtrise de l'âge mûr n'avait rien changé à cette impression. Je relève ce mot de Lambert-Thiboust, en 1868 : « Faure n'est pas une voix, c'est une âme ; et si vous l'aviez entendu, comme moi, au service funèbre d'un de ses bons amis, vous seriez de mon avis. Le *Dies irae*, dit par lui, fut un cri déchirant, et, bien sûr, l'être aimé qu'on pleurait a dû l'entendre ! » — Je sais plus d'un cas où l'émotion se trouva doublée de la surprise que l'artiste, que l'ami, avait causée en se faisant entendre.

Mais d'ailleurs, rien qu'au point de vue technique, quel régal pour un « professionnel », et quelle leçon ! En ce sens, je ne sais rien de plus caractéristique que l'observation consignée par le Dr Bonnier dans son traité de *la Voix* (1907). Faure met en garde contre « le dénaturement de voix *sombrées*, qui ne satisfont que ceux qui les produisent et ne passent pas la rampe. » Voici un témoignage topique à l'appui.

Je me souviens d'avoir entendu autrefois, dans une église de Paris, deux barytons célèbres. Je pus les entendre successivement, de près, à l'orgue, puis de loin, derrière le chœur. De près, l'un d'eux avait une voix vibrante et puissante, qu'il semblait pouvoir à peine contenir ; tout tremblait en lui et près de lui. La voix de l'autre, qui était M. Faure, au contraire, paraissait se détacher légèrement, sans effort, sans vibration, mince et sans robustesse ; il respirait tranquillement, à peine plus largement que pour parler; sa face ne se congestionnait pas aux endroits difficiles, et il donnait l'impression d'un homme qui accomplit le plus simple et le plus indifférent des exercices. Mais de loin, le premier s'entendait peu : sa voix ne portait que dans certains accents, sur certains timbres ; on comprenait qu'il y avait là-bas quelqu'un qui chantait très fort, mais sa voix restait près de lui, en lui, ou ne le quittait que pour revenir immédiatement à son point de départ. Il vociférait, au sens moderne du mot. La voix de l'autre chanteur était aussi forte, brillante, pleine et sonore de loin qu'elle paraissait faible et sans consistance de près. L'église en était remplie au point que les murs semblaient sonores ; la phrase large et fournie circulait partout, d'une sonorité concrète et vivante ; les moindres articulations, les timbres divers se développaient avec facilité et dans leur pleine expression. C'était la vocifération vraie ; la voix se faisait entendre là où elle devait être entendue, comme la lumière de ces phares qui semble grandir avec l'éloignement.

Voilà, défini d'une manière saisissante, l'un des secrets essentiels de l'autorité de Faure, et de cette impression exceptionnelle et délicieuse d'harmonie parfaite qu'on ressentait avec lui, souvent sans s'en rendre compte. Sa voix portait où il voulait, comme il voulait, légère et suave, quand elle devait l'être, écrasante, s'il était nécessaire, toujours sans effort, naturelle, simple d'accent, mais, semblait-il, d'autant plus incisive et souveraine. J'ai déjà noté qu'il répétait d'ordinaire à mi-voix. Ce n'était pas seulement pour éviter toute fatigue. C'était une méthode. Il s'agissait de ne rien laisser perdre, cependant, des moindres phrases du rôle. Madame Faure assistait à toutes les répétitions, de fort loin, dans une troisième loge, et son oreille, son jugement, son goût, son expérience, étaient chargés d'exercer le contrôle le plus scrupuleux.

Combien de témoignages ne pourrait-on pas recueillir, de cet effet inattendu d'une voix à peine émise, en apparence, et pourtant d'une portée, d'une étendue, d'une ampleur qui « dévoraient » tout autour d'elle !

C'est l'expression qu'emploie volontiers, par une image vive, un maître en l'art de dire, M. Léon Brémont, quand son admiration pour Faure saisit l'occasion de s'exprimer, soit pour le proposer en exemple, dans ses traités, soit, comme il a bien voulu le faire, spontanément, à mon intention, pour rappeler quelques-uns de ses souvenirs professionnels.

Oui, « par la force de sa diction, par son articulation merveilleuse, articulation puissante sans lourdeur et sans brutalité, précise sans sécheresse, toujours souple, toujours variée, et surtout, peut-être, par le souffle sans pareil dont il emplissait la phrase musicale, Faure semblait toujours écraser de sa puissance les chanteurs qui l'entouraient... » Ses moyens avaient pourtant des limites, mais il ne les laissait jamais voir. On croyait toujours qu'il avait encore des réserves. On était tenté de dire : Que serait-ce, s'il donnait toute sa voix ? Et cependant, il fallait avouer qu'on n'en pouvait souhaiter rien de plus. « Dans le cadre de l'Opéra, il soupirait la sérénade de Don Juan comme il l'eût fait, semblait-il, dans un salon, et son talent la faisait porter jusqu'à la dernière galerie, *comme s'il l'eût murmurée à l'oreille de chacun des auditeurs.* »

On ne saurait plus heureusement formuler une plus éloquente observation.

Tout l'*effet* vocal est une question de relation, et un artiste en peut faire plus par une simple inflexion que par les plus grands éclats. Notre époque a pu admirer un chanteur vraiment « génial » c'est-à-dire intuitif et spontané, qui avait compris cela admirablement : c'est Chaliapine. Comme Faure, il semblait ne jamais donner carrière à toutes ses facultés, et par un simple mordant, un appui de note, il éclairait toute sa phrase ; comme Faure, il se contentait du minimum de gestes, mais son jeu avait un « caractère » inouï.

La *vérité* de la diction lyrique, chez lui, s'unissait à ce ménagement de la voix. Les chanteurs savent rarement (remarque M. Brémont) comment la phrase musicale emprunte au langage parlé le dessin de l'*inflexion*. Et il en donne comme exemple la simple phrase d'entrée de Guillaume Tell qui répond à l'insouciante barcarolle du pêcheur.

Il la *chantait* comme il faudrait la *dire*, comme s'il *parlait*. « Il chante, en son ivresse... » Avec Faure, toutes les intonations qu'on demanderait à un comédien étaient nettement et profondément dessinées :

Il chante ! — il ose chanter, disait-il, par l'accent ; et tout de suite, de quel mépris souverain n'écrasait-il pas les mots : *ses plaisirs*, *sa maîtresse*, et de quelle lassitude, de quelle amertume n'enveloppait-il pas ceux-ci : *Quel fardeau que la vie, pour nous plus de patrie !* Jusqu'à l'explosion finale, *il chante*, où la pensée indignée semblait crier à nos oreilles : il ose chanter, le misérable ! Tout concourait à l'expression complète, définitive ; tout, c'est-à-dire, non pas seulement les notes, mais les mots, les syllabes, les accents ! En vérité, c'était là une leçon inoubliable !

Le même commentaire (remarque encore M. Brémont) pourrait se faire de toute cette poignante page où Guillaume embrasse son fils avant l'épreuve de la pomme : « Sois immobile... » jusqu'au sursaut final : « Qu'on me rende mes armes ! Je suis Guillaume Tell, enfin ! » Mais d'ailleurs, chacune des phrases caractéristiques du personnage était « évoquée » dans une couleur de vérité incomparable... « Mathilde ? Elle est notre ennemie !... — Sais-tu bien ce que c'est que d'aimer sa patrie ?... — Mais le pilote est là !... » Jamais personne n'a approché de lui, ni par la justesse, ni par la force d'expression, dans ces passages célèbres. Et qui a jamais su entraîner, comme il le faisait, Arnold et Walter dans l'attaque du trio : « Embrasons-nous d'un saint délire ! »

Nous avons vu, au surplus, combien le grand artiste gardait de préférences pour ces rôles qu'il vivait avec tant d'intensité et de profondeur. Celui du roi Alphonse, dans *la Favorite*, mériterait une analyse note par note, comme celui de Méphistophélès dans *Faust* ou celui d'Hamlet, de Don Juan... La phrase d'entrée du Roi, au second acte : « Jardins de l'Alcazar... » semblait bénéficier de la peur effroyable que l'artiste devait maîtriser à chaque inflexion, à chaque syllabe. L'énergie et la volonté la transfiguraient en quelque sorte, et les auditeurs, haletants, éblouis, criaient, debout, leur enthousiasme.

Et quel comédien a pu se vanter jamais d'avoir fait tenir dans une phrase une expression plus juste d'ironie hautaine, et plus de variétés d'intentions, que Faure n'en mettait dans l'air du troisième acte : « Pour tant d'amour ne soyez pas ingrate ! »

Rappelons, comme une impression ineffaçable, l'exécution de l'acte du jardin, de *Faust*, au cours de la représentation de retraite de Mme Carvalho, M. Brémont déclare :

Je n'ai jamais réentendu cet acte sans me demander par quelles précisions d'intention, par quels miracles de diction, l'illustre baryton avait pu donner une valeur si puissante à des petites phrases qui se perdent toujours plus ou moins, avec les autres, dans les sonorités de l'orchestre et le vague de l'ensemble. Ce soir-là, dans cette interprétation sans rivale, le succès de Faure plana au-dessus de tout. A l'invocation de Méphistophélès : « O nuit, étends sur eux ton voile... » et dans les deux phrases qui la terminent : « Épanouissez-vous sous cette main maudite... » la largeur de la voix et celle de la diction prirent une telle puissance que le vaisseau de l'Opéra-Comique semblait n'avoir jamais contenu une telle ampleur de son.

Que dire du relief surprenant qu'il savait donner, sans gestes, sans allure théâtrale, par une inflexion, par une articulation, aux morceaux qu'il chantait dans les concerts ou même dans les salons. Je l'entends encore évoquant, dans *le Soir*, de Gounod, tout un paysage nocturne et le ravissement du « cœur fatigué » ; dans *le Vallon*, ouvrant toute grande, en quelque sorte, son âme à cette « reposante » mélancolie ; dans *la Chanson du Printemps*, faisant courir à travers ses phrases légères et pénétrantes les « suaves haleines » de la nature en fleurs ; dans le simple *Envoi de fleurs*, saisi comme d'une inexprimable angoisse à la pensée du sacrifice, pour celle qu'il aime, de « ceux qu'il aimait »...

Le jour où il chanta, aux concerts Colonne (dit encore M. Brémont), *la Symphonie légendaire*, de Godard, « il m'a semblé qu'un portail de cathédrale se dressait derrière lui par la grandeur qu'il suggérait ». Et encore : « Avant l'air de *Joconde*, il chantait très souvent celui du *Siège de Corinthe* : il y déployait une puissance et une ampleur de voix extraordinaires, avant de dire avec une grâce, une finesse, un charme incomparable, les paroles si connues : « Mais on revient toujours... » Oui, en même temps que toute la grâce, cette voix possédait toute la force, toute la puissance : seule la brutalité lui faisait défaut... »

En fin de compte, c'était un chanteur qui *chantait*. Rossini, qui était un maître de chant incomparable, déclarait que Faure, seul parmi tous les chanteurs modernes, avait gardé les principes sévères du chant et les traditions vraies. N'est-ce pas lui encore qui s'exprimait en ces termes implacablement justes : « Nourrit seul a *chanté* ses rôles. Tous ceux qui l'ont suivi les ont criés. Et voyez pourtant la puissance du véritable chant aujourd'hui. Quel est l'artiste le plus applaudi ? C'est le seul qui ne crie pas : c'est Faure. »

Un des plus féconds préceptes de sa méthode, et le plus original, peut-être, c'est l' « appareillement de l'échelle vocale par le son type ». On n'en saurait trouver qui exerce et modèle les voix, c'est-à-dire chaque voix, quelle qu'elle soit, d'une façon plus naturelle et qui donne une homogénéité plus parfaite à toutes ses notes. C'est au chanteur à se rendre compte, dans l'étendue de sa voix, et plutôt le médium, de la note dont l'émission lui est le plus facile, le timbre le plus sonore, le plus beau ; de l'écouter, de pénétrer le mécanisme qui la reproduit ; puis, dès lors, d'en rapprocher les autres, plus hautes et plus basses, jusqu'à ce que la même sonorité, la même couleur les unissent toutes. Il faut, naturellement, à une pareille étude, autant de goût que de travail. Chez Faure, cette homogénéité était, techniquement, une pure merveille.

Un autre de ses préceptes, celui de « l'attaque du son », a été l'objet de plus d'une méprise. Peut-être n'avait-il pas su assez exactement s'expliquer, et sa répugnance pour les leçons proprement dites s'explique-t-elle aussi par là. Je veux parler de son fameux *coup de glotte*, très discuté, parfois funeste, suivant les individus, en somme, non compris — disait-il plus tard, — et qu'il regrettait, dès lors, d'avoir recommandé : « Je n'en parlerais pas, si c'était à refaire. C'est trop absolu ainsi. » Au surplus, non seulement le coup de glotte se justifie, comme exercice, pour donner avec netteté l'absolue justesse du son, mais il est fréquemment utile et *éloquent* au début d'une phrase et sur une voyelle. Et c'est ainsi seulement que Faure le comprenait. Et puis, n'en est-il pas de même dans l'étude des instruments ? C'est le rapprochement formulé dans *la Voix et le Chant* : « Le coup de glotte est pour la voix ce qu'est le coup de doigt pour le piano ; selon la force et la légèreté du toucher, le son est plus intense ou plus faible, mais l'attaque n'en a pas moins la même instantanéité. » On comprend l'avantage qui peut être attaché à ce procédé ; on comprend aussi qu'il y faille autant de prudence que d'expérience. Faure le comparait souvent à l'arsenic, médicament si efficace et si dangereux selon son emploi.

L'artiste est amené souvent à recommander tel exercice qui paraît fantaisiste ou ridicule si l'on n'en cherche pas les raisons. Lorsque Faure chantait, en tournant le dos, une phrase, les dents serrées, un porte-cigarette aux lèvres, et demandait ensuite à quel moment il l'avait laissé tomber, c'est qu'il voulait montrer le peu de nécessité des grimaces de mâchoires pour articuler : « En s'exerçant à articuler les dents serrées, les chanteurs se convaincraient de l'inutilité de ces efforts disgracieux. »

Tout ce qui devenait *forcé*, qui constituait un effort ou une contraction du visage, était par lui sévèrement repoussé. Le naturel avant tout ! « La bouche doit prendre d'elle-même et sans effort la forme la plus favorable, la plus convenable à l'émission de chaque voyelle. » Aussi bien, si on la laisse trop ouverte en chantant, on se prive des *gradations* d'ouverture, qui *éclairent* si heureusement le chant. L'appareil buccal est un réflecteur de lampe : « L'un et l'autre peuvent rester immobiles, tandis que l'on modifie à volonté l'intensité du son ou celle de la lumière. C'est de l'immobilité de l'appareil buccal que dépend en grande partie l'homogénéité de la voix. »

L'artiste doit toujours surveiller son organe. Ainsi seulement il sait où il va et sur quoi compter. « Le chanteur doit connaître ses sonorités et les retrouver sans plus d'hésitation qu'un homme ordonné sait trouver un objet dans l'obscurité. » — Faure insistait, du reste, sur « la nécessité de cultiver et de développer la mémoire des sons ». C'est le seul moyen pour l'artiste de n'avoir à se préoccuper de la justesse ni des attaques, ni des intonations. Au surplus, si l'air est précédé d'une introduction instrumentale, « il faut que le chanteur la suive par la pensée à mesure qu'elle se développe, pour que la première note du chant en soit comme *la continuation.* »

Pour montrer à quelle sûreté il est nécessaire d'arriver dans la suite des sons, Faure vous faisait parfois entendre des gammes parfaitement égales en notes trop ou pas assez élevées. Mais c'est une « amusette » à ne pas recommander. Quand il travaillait pour son compte à la « toilette » de sa voix, c'était si beau que les gens s'arrêtaient et s'asseyaient sous ses fenêtres, boulevard Haussmann.

Aujourd'hui, on n'entend parler que de *tempérament.* Il semble que d'avoir « une nature » dispense de tout le reste. C'est la ressource des voix médiocres. Celles-là seules, toutefois, parviennent à nous donner le change, qui concordent avec ces moyens dramatiques. Faure n'hésitait pas à le déclarer : Si le tempérament de l'artiste n'est pas en harmonie avec sa voix, c'est le tempérament qu'il faut sacrifier. Et encore (combien n'est-ce pas juste !) : « Il ne faut pas promettre avec le geste plus que la voix ne peut tenir. »

En somme, c'est à la voix à produire le plus d'effets expressifs et même dramatiques. Le jeu achève et souligne, et sans lui il y aurait manque d'équilibre, gaucherie..., mais

La Coupe du Roi de Thulé, rôle de Paddock.

Hamlet, rôle d'Hamlet.

il est loin de suffire. Pour la voix, le grand secret est le *coloris*, base de tous les effets, si réputés, jadis, des grands chanteurs italiens. Le coloris, mais c'est l'art même, sa variété, sa maîtrise. L'abandon de la mélodie pure, de la virtuosité même, l'a beaucoup battu en brèche. Pourtant, s'il ne reste aux artistes « d'autres ressources que la partie déclamatoire et expressive du chant », ce n'est pas assez. « La musique demande encore le charme, la variété, la grâce. L'imagination et même les sons ont droit à être satisfaits par elle, comme la raison et la passion ; or, sans coloris, on peut être vrai, pathétique, puissant, mais charmer, jamais ! Je dirai plus : il est certaines émotions qui ne s'obtiennent, et certains sentiments qui ne s'expriment que par les effets magiques du coloris [1]. »

Faure pouvait formuler ces réflexions si justes sans paraître sacrifier au *bel canto*, — dont le discrédit a pour base une fausse interprétation du mot et le fait que la plupart des chanteurs italiens ne cherchaient à tirer du coloris que des effets illogiques et de pure convention. — Il ne sacrifiait pas plus la vérité du geste et du jeu, que celle de l'expression et du sentiment à la perfection vocale. Nous savons assez que chez lui le comédien, le tragédien, étaient à la hauteur, disons mieux, *au ton*, du chanteur.

Il avait senti de bonne heure la nécessité de l'indépendance du geste, et pris des leçons de Ligier, le tragédien de la Comédie-Française. Mais son goût prononcé pour les arts plastiques se reconnaissait facilement aussi dans le caractère de ses costumes, étudiés au Cabinet des Estampes, et dans sa façon de les porter.

Le coloris bien compris ne va pas sans sacrifices. Et, par exemple, il est facile de remarquer combien peu de chanteurs observent les nuances indiquées par le compositeur lui-même, si elles les empêchent de « donner du son » : ils ont trop peur d'être taxés d'incapacité. Mais quelle erreur

1. Je relève cette remarque dans un article daté de 1870 : « Non seulement le jeu de Faure, mais même la *couleur* de sa voix changent suivant le caractère des ouvrages qu'il interprète. »

est la leur, même au point de vue de leur succès immédiat ! Le chant *lié* et *soutenu*, conduit comme « l'archet à la corde », n'est pas seulement un des plus puissants moyens d'expression ; il permet à une voix moyenne de se faire entendre distinctement à côté de bien plus fortes, et même de les dominer (c'est ce que nous montrait tout à l'heure l'aventure de Faure, à Lyon) : « Les vibrations continues qu'il communique aux sons reliés étroitement par une chaîne invisible accaparent l'attention de l'auditeur et permettent de défier les sonorités de l'orchestre, quelle que soit leur intensité. » Et l'on conclura avec lui que « c'est dans l'emploi de ce procédé d'école, si simple en apparence, et dans celui de la respiration, que se cache un des secrets les plus précieux de l'art du chant ».

Et le *style ?*... Eh bien, c'est « après s'être pénétré de la pensée intime du compositeur, interpréter un rôle ou un morceau en appliquant les règles établies et sanctionnées par le goût ». C'est encore de renoncer à tout effet disparate avec le caractère de l'œuvre ou d'un goût douteux. Sans doute, il y faut parfois quelque courage, Faure l'avoue ; « c'est souvent un placement à longue échéance, mais c'est un placement absolument sûr ». — Avoir *un* style n'est pas la même chose : c'est simplement qu'on a ajouté à son interprétation un cachet de personnalité ; mais il faut s'en défier, car les qualités exagérées ou répétées hors de propos peuvent devenir des défauts.

Il serait hors de propos de parler de ses conseils d'hygiène : ils sont logiques et fort simples ; on pourrait opposer son exemple à tant de chanteurs obsédés en quelque sorte des précautions à prendre. On ne voyait jamais Faure le cou enveloppé ; et quel enragé fumeur n'était-il pas ! Partout, il fallait lui passer la faveur insigne de fumer jusque dans sa loge.

Mais rien n'est plus précieux que les avis et les explications qu'il donne au sujet de la position du corps et de la tête, toujours en vue de la liaison, du « rapprochement » des notes ; et encore, de la façon de se présenter devant le public. Le goût et le tact doivent ici guider l'artiste ; mais une grande présence d'esprit aussi, surtout si ce maintien doit cacher la nervosité, l'émotion. Faure avait une sorte de flegme aisé, une désinvolture un peu hautaine et calme, comme dédaigneuse des virtuosités, qui donnaient généralement le change et cachaient ses impressions réelles.

Un chapitre de *la Voix et le Chant* est consacré à « la peur ». On ne s'étonne pas que Faure en ait dit son mot : elle était, chez lui, phénoménale, et restera légendaire. En principe, la peur, le *trac*, est si naturel chez un artiste, qu'on peut juger, presque à coup sûr, d'un chanteur qui assure ne pas le connaître, qu'il n'est pas un véritable artiste. Mais, chez Faure, la peur prenait en quelque sorte les proportions de son talent : il n'en avait triomphé que par toute une école de volonté. Et c'est bien pourquoi il en parle. De remède, il n'en indique pas d'autre : « Un travail continu et la force de l'habitude » ; mais sa conclusion, encourageante, n'est, une fois de plus, que le résumé de ce qu'il a fait pour lui-même.

« Si l'artiste trouve en lui-même assez de foi en son art pour s'identifier avec le personnage qu'il représente ; s'il est assez pénétré de son sujet pour perdre momentanément le sentiment de sa personnalité, la peur qu'il a pu éprouver au premier contact avec le public ne tardera pas à se dissiper. Stimulant par sa seule présence les efforts de l'artiste, le public deviendra insensiblement un témoin nécessaire, indispensable, aux manifestations de son talent, et quelquefois aux inspirations de son génie. »

C'est bien ainsi que faisait Faure, mais sans aucun espoir de guérison. Plus il grandissait, au contraire, dans son talent et sa réputation, plus l'obsédait ce sentiment de sa responsabilité, du respect qu'il devait au public, de la crainte de ne pas offrir à celui-ci tout ce qu'il attendait de lui... Sa volonté, son énergie étaient arrivées à tromper à ce sujet, mais ce n'était qu'une apparence. « Sa peur, note encore M. Brémont, n'était pas visible pour le public, auquel il donnait au contraire l'impression de l'assurance et de la tranquillité, par son attitude et la sérénité de sa voix ; mais, quand on était à ses côtés, il suffisait de lui toucher la main pour voir à quel point il était, non pas dominé, mais torturé par cette appréhension de l'état nerveux qu'elle lui causait. Si, dans un salon, avant l'exécution d'un morceau, on touchait sa main gantée, on pouvait constater vraiment la réalité de ce qu'on nomme *la sueur froide* : le gant était humide et glacé. »

Il y a mieux... Cette sueur coulait jusqu'à terre, en scène : on le suivait à la trace ! Un soir, comme le souffleur l'écoutait, extasié, et ne le soufflait pas (sécurité inutile mais à laquelle il tenait), Faure l'aspergea de la main pour le rappeler à l'ordre.

Le *trac*, on l'eût eu à moins. Je trouve, parmi quelques rares notes intimes prises par lui occasionnellement, ce souvenir d'une représentation à Lyon. Il était allé voir le Préfet, qui, très aimable, lui avait fait les honneurs de ses collections. — « Il me dit ensuite : Je vais vous montrer maintenant quelque chose que vous n'avez jamais vu : suivez-moi... La Préfecture donne d'un côté sur la place du Théâtre. Il me fit traverser plusieurs pièces ; puis, ouvrant brusquement une fenêtre, il me montra une foule compacte qui faisait la queue pour la représentation du soir. Il était neuf heures et demie du matin. — Voici, M. Faure, ce que vous n'avez encore jamais vu... — Dire la peur qui me prit ! ! ! »

La Favorite, surtout, lui causait des appréhensions cruelles — peut-être pour cela même qu'il s'y sentait plus maître de soi. J'ai noté plus haut le souvenir qu'a gardé M. Brémont de sa rentrée en 1871. Les jours où il devait jouer le rôle du roi Alphonse, il vivait comme dans le recueillement ; on devait éviter tout bruit autour de lui. Aussi, lorsque son fils, petit garçon, le voyait muet et préoccupé, demandait-il ordinairement à sa mère : « Est-ce que papa chante *la Favorite*, ce soir ? » Talma était ainsi : silencieux, absorbé, couché même, les jours où l'attendait un de ses grands rôles.

Une chose est d'ailleurs remarquable, dans tout ce que nous savons des observations que le maître ne cessait de poursuivre, autour de lui, au profit de son art : c'est son peu d'amour-propre et de hauteur. Plus d'un professeur à méthode spéciale (Arnoldi, par exemple) s'est vanté d'avoir donné des leçons à Faure, parce que celui-ci, qui ne voulait rien ignorer des plus divers enseignements, avait « expérimenté » consciencieusement tel ou tel. Quant aux artistes, il n'établissait aucune hiérarchie entre eux, du moment qu'un exemple, bon à suivre, pouvait venir d'eux. De tout temps, il parla du chansonnier Darcier (qui était lui-même de l'école de Delsarte) comme d'un chanteur *génial* et déclara lui devoir beaucoup. C'est, au reste, de ce diseur si émouvant d'expression que Thérésa tenait le meilleur de son art, et celle-ci encore, Faure l'avait en haute estime. Certain soir, que tout un groupe de ses camarades de l'Opéra avaient été convoqués avec lui dans des salons officiels et s'offusquaient d'y rencontrer Thérésa, Faure leur dit tout haut, au moment où celle-ci allait chanter : « Venez avec moi l'écouter : nous allons prendre une bonne leçon ! »

Il ne s'inclinait pas moins devant le talent ou les moyens d'un camarade, s'il jugeait que le rôle était mieux mis en valeur par celui-ci que par lui-même. Ayant dû se faire remplacer, un soir, dans *l'Africaine*, il alla entendre Devoyod, et trouva son rôle de Nelusko si bien « dans la voix et le tempérament » de ce robuste baryton, mis par lui en relief d'une façon si *naturelle*, qu'il le lui abandonna aussitôt sans retour. Il n'hésitait pas à en faire autant lorsqu'il se trouvait dans une troupe italienne, et pour des rôles qui, tenus par d'autres, bénéficiaient d'avantages vocaux dont il reconnaissait la supériorité, — ceux de Ronconi, notamment, qu'il appréciait beaucoup.

Il fit un jour un bien spirituel compliment à Duprez sur son *album* : « Arnold a disparu... Mes pas n'ont pu l'atteindre. » C'est la phrase de Guillaume Tell.

*
* *

Que Faure fut un excellent musicien, il semble assez superflu de le dire. Mais il l'était encore au point de vue technique et comme compositeur. De bonne heure, nous l'avons vu familiarisé avec les instruments d'orchestre, leurs caractères, leurs ressources. Au piano, il avait la couleur et l'expression, l'improvisation facile ; il s'accompagnait à ravir, en chantant. Ce n'est cependant qu'assez tard que la pensée lui vint de composer, mais, d'ailleurs, dans le seul domaine où il se sentait maître et sans dépasser les proportions du motet d'église ou de la simple mélodie, tout au plus de l'air de concert [1]. Selon les cas, ces pages comportent un accompagnement d'orgue, ou une partie de violon, de violoncelle ; ou bien, elles font alterner deux voix, elles amènent une reprise en chœur. Mais ce qui frappe toujours, c'est le soin pris par l'artiste à ne pas dépasser le cadre intime de la mélodie ou dénaturer le caractère simple et religieux de l'air d'église ; s'il élargit la phrase selon l'enceinte ou le sujet, elle reste pourtant œuvre de concert et ne prend pas de style théâtral.

Jamais d'effets hors de propos, jamais de sacrifice à la virtuosité. On y reconnaît son phrasé, la moelleuse souplesse de sa diction lyrique ou ses belles tenues de notes : c'est qu'il les a, en quelque sorte, mises à l'épreuve en les chantant lui-même. Aussi, quelque inégales qu'elles puissent être, d'inspiration et de style, sont-elles parfaitement écrites pour la voix. C'est là une qualité trop souvent négligée par des compositeurs bien autrement doués. Mais c'est aussi une condition de leur bonne exécution. On entend sa voix, on devine sa façon de les chanter, en les étudiant, et, souvent, elles donnent le change, on sent que l'œuvre est

1. On lit, par deux fois dans les Lettres de Flaubert aux dates des 13 juin et 13 juillet 1879, cette nouvelle étrange : « Faure et Gallet vont faire (ou, commencent) un opéra sur *Faustine*. » Rien, à ma connaissance, ne justifie cette assertion fantaisiste.

trahie, à n'être pas relevée d'une interprétation de cette valeur. Cette impression n'est pas pour toutes, il est juste de le dire; il en est où c'est comme une marque de supériorité qu'elle ne surgisse pas à l'esprit. L'interprète, alors, disparaît derrière le compositeur. De ces pages, les unes évoquent le magnifique chanteur, mais ce sont les autres qui méritent surtout de lui survivre, parce qu'elles témoignent le mieux de son culte de la vérité et de la beauté de l'expression lyrique. Bon nombre sont tout à fait remarquables.

C'est à quelque circonstance accidentelle, quelque occasion, que l'on doit sans doute les plus anciennes pages écrites par Faure : un concert en fut l'objet, ou une réunion chorale, un « caveau »[1], ou bien quelque cérémonie religieuse. La première est restée célèbre entre toutes, car son succès fut mondial, et plus de 40 éditions différentes en témoignent encore : ce sont *les Rameaux*. Elle a été gravée en 1861, avec *la Ronde des Moissonneurs*, suivie de près par *la Fête-Dieu*, qui est également une chanson à couplets et du même auteur. Viennent ensuite, en 1865 seulement : *la Marche vers l'avenir*, *le fils du Prophète*, et un *O Salutaris*. Puis, en 1866, l'air de concert *Sancta Maria*, et en 1867, un *Ave Maria*. Et ce n'est qu'en 1868 qu'apparaissent quelques mélodies proprement dites, pour salon : *Que le jour me dure !*, *Pourquoi ?*, *l'Étoile ;* plus, une page presque d'église, *Charité*, et le *Pie Jesu* consacré, par l'artiste, à la mémoire de sa mère, au lendemain de sa mort (1869)... Mélodies ou motets se suivent alors de plus en plus nombreux, d'année en année.

En 1873 paraît un premier recueil de 25 mélodies. Un second, de 20, le suit d'assez près, en 1876. Puis un troisième, en 1881 et un quatrième en 1890. Avec quelques pages encore, demeurées isolées et qui datent des dernières années, c'est un ensemble de quelque 93 morceaux. Les

1. En 1904 encore, le « Caveau Lyonnais » tint, en l'honneur de l'artiste, une séance où 12 membres chantèrent 18 de ses mélodies, et aussi quelques-uns des morceaux à plusieurs voix.

airs d'église parurent aussi, en 1893, en un recueil auquel il faut ajouter une série de 9 non réunis : en tout 29.

Un grand nombre de ces œuvres ont été traduites en langue étrangère, en anglais principalement, du temps que Faure remportait de si grands succès à Londres, à la Cour et à la ville.

Il serait, au surplus, assez vain de poursuivre une enquête rigoureusement chronologique. Étudions plutôt les œuvres en les groupant selon leur caractère et le genre auquel elles se rattachent.

Les Rameaux (de J. Bertrand) seront en tête du groupe des airs, ou plutôt des mélodies de concert, à grand effet vocal, à caractère surtout religieux. C'est une belle et ample vague lyrique, pas longue d'ailleurs, un « hymne » d'allégresse, au début simple et confiant (« Sur nos chemins, les rameaux et les fleurs »), à la conclusion enthousiaste, éclatante, chaleureuse (« Peuples, chantez... Hosanna !... Béni celui qui vient sauver le monde »). Écrite pour le plein de la voix, la phrase se déroule et s'épanouit en toute aisance et sans heurt.

L'hymne *Sancta Maria* (du même poète) en est comme le pendant pour voix de femme : Christine Nilsson, l'Alboni, bien d'autres, en ont fait valoir la ferveur religieuse et comme l'effusion progressive, depuis les premières paroles (« J'ai vu les séraphins en songe ») jusqu'à l'élan final (« Vibrez encor, sainte harmonie! »). Un accompagnement d'orgue et de violon lui donne une harmonie enveloppante très heureuse. Ce style convenait sensiblement mieux à Faure, qui avait vraiment le sentiment de la musique religieuse, que tels morceaux larges, à rythme massif, comme *la Marche à l'avenir* et *le Fils du Prophète* (textes de J. Chantepie, bien peu faits pour inspirer), l'un d'un ton grave, encore rehaussé par l'orgue et le violon, l'autre martial, martelé, sonore.

Voici encore deux hymnes : *Charité* (V. Prilleux), couplets graves et pénétrés, pour concert de charité, sur le plan habituel : récit lent et final répété en refrain (« Va, charité, vierge pure et féconde !... ») et *Credo* (P. de Chazot : « Je crois en Dieu, roi du ciel... ») beaucoup plus belle page, religieuse, ardente, d'un phrasé plein d'ampleur et de fermeté, d'un accompagnement chaud et harmonieux (piano ou orgue).

Charité a paru en 1869, *Credo* en 1875. On peut en rapprocher, comme style, mais à une date beaucoup plus récente, *Espoir en Dieu* (Victor Hugo, 1890 : « Espère, enfant !... ») dont le cor, ou le violoncelle, souligne heureusement le dessin mesuré; — les stances *Ave Stella !* (A. Silvestre : « O toi qui sur la grève !... ») très lentes aussi, comme une prière, relevées par le violon ; — la « méditation », *Croyance* (Eug. Manuel : « Si vous voulez chanter, il faut croire d'abord »), écrite pour une ou pour deux voix, avec ou sans orgue, et dont l'accompagnement sait varier les successives expressions ; — enfin l'*Hymne aux astres* (Fr. Bataille), où l'orgue peut aussi suppléer le piano et souligner les effets de harpes, où un chœur à l'unisson achève la carrure des couplets, d'une large et sereine effusion.

A part, j'inscrirai ici la scène *Trois soldats* (L. Gallet : « Trois soldats veillaient »), pittoresque et amère évocation de guerre, au style inspiré de Schumann ; — l' « épithalame » *le Klephte* (Gondinet, extrait de son drame : *Libres :* « Le Klephte est tombé sous les balles ») d'un effet vibrant et sonore ; — et les couplets de *la Marchande de roses* (P. de Chazot : « Achetez mes roses nouvelles »), pour voix de femme et d'une virtuosité un peu trop maniérée.

Les chansons, airs, rondes pour réunions chorales nous arrêteront moins. Elles sont très adroitement écrites, toujours bien rythmées, larges et colorées, mais d'un caractère volontairement assez peu relevé. C'est *la Ronde des Moissonneurs* (P. de Chazot : « Dans la plaine immense... »), allegro joyeux, et *la Fête-Dieu* (du même), « carillon » plus fin, d'un joli rythme léger : » Les cloches à toutes volées ». Puis quelque dix ans plus tard (1871), *le Vin du Rhin* (G. Nadaud : « Vin allemand, qui nais dans les cailloux... ») ironique et martelé, souligné, à la fin, des rires de l'assistance; — *le Rhin allemand* (A. de Musset : « Nous l'avons eu votre Rhin allemand... ») dont chaque strophe est terminée, cette fois, par un vrai chœur en refrain ; — *le Pressoir* (du même : « Au pressoir, le vin coule! »), chanson pour les vendanges, à pleine voix rieuse ; — *Il neige* (Autran : « Enfin, le rude hiver... »), chanson pour les veillées, basée sur un accompagnement pittoresque et évocateur; — *Chanson du bord* (P. de Chazot : « Nous voici dans les parages... »), couplets pour matelots, ponctués par le *cric* et *crac* traditionnel; — *Chanson lorraine* (A. Silvestre : « Durant tout le long de l'année... »), complainte dont la musique n'évoque pas avec assez de gravité l'accent douloureux ; — *les Fils d'or*, chant du mûrier (Ed. Plouvier : « Filez, filez, petits vers à soie »), heureuse et pimpante inspiration, au rythme léger, dédiée en quelque sorte aux ateliers de Lyon, où l'artiste la fit entendre pour la première fois, en avril 1877; — *les Vins de France* (Ch. Vincent : « Des grands vins de tous les pays... »), autre chanson de vendanges ou de caveau, à large envolée ; — à laquelle *les Vrais buveurs* (du même : « Le bon vin naît sous l'œil de Dieu »), font un pendant copieux, au final repris en chœur; — *la Paix* (J. Bertrand : « Changeons nos arsenaux... »), strophes solennelles et chaudes, au refrain repris en chœur; — enfin un *Hymne aux astres*, daté de 1890 (F. Bataille : « Beaux astres radieux... »), large invocation, presque religieuse et dont l'orgue et le chœur épanouissent l'harmonieuse et mélodique majesté.

A part, je citerai deux fantaisies, les seules de ce genre, deux chansons humoristiques à la Nadaud : *le Vieux Guillaume* (P. de Chazot : « Le vieux sorcier... »), légende bretonne, railleuse et rude ; — et *le Froid à Paris* (Nadaud : « Il faisait froid... »), couplets au rythme martelé, d'une bonne humeur peu sentimentale.

Les pages de caractère plus simple : chansons, romances, mélodies, sont de beaucoup les plus nombreuses. Elles semblent souvent avoir été écrites en chantonnant au piano.

Mais il en est aussi de si éloquentes, de si vraies, ou simplement d'un tour si heureux, qu'elles méritent de figurer dans l'anthologie la plus sévère du *lied* français, et que nulle autre œuvre de Faure ne met mieux en valeur son sens d'*artiste*.

On peut classer en trois groupes ces petites compositions : les chansons, au rythme léger et piquant ; les pages d'un sentiment intime, vécu, pénétrant, non assujetti au rythme ou au couplet ; enfin les mélodies proprement dites, évocations gracieuses ou colorées de poésies variées, de tableaux de genre.

C'est par une chanson que Faure s'essaya d'abord (1868). *Que le jour me dure !* (de J.-J. Rousseau) est à coup sûr l'une des plus jolies de la série. Les couplets ont un tour archaïque plein de grâce, et l'esprit passionné qui les anime est d'une simplicité très sincère. — Mais voici, peu d'années plus tard, dans un goût au contraire tout moderne, deux pages d'une vivacité spirituelle, d'un rythme alerte, juste et franc d'expression : *Bonjour Suzon !* (A. de Musset, 1871) et *les Myrtes sont flétris !* (Nadaud : « Du temps de nos amours... »). Elles ont vraiment gardé toute leur saveur. — *La Valse des feuilles* (P. Juillerat, 1873 : « Le vent d'automne passe... ») eut aussi sa célébrité : on ne saurait mettre mieux en relief l'espèce de vertige mélancolique qu'évoque le texte. — Puis, c'est *Ninon* (P. de Chazot : « Ninon, mes amours... »), guitare au dessin mélodique original, d'un bon accent espagnol, adroitement relevé dans l'accompagnement, qui, d'ailleurs, débute par un long prélude. — C'est *Pâquerettes mortes !* (Ed. Blau : « Les prés sont émaillés... »), motif un peu simplet, mais fin. — Et puis *l'Alleluia d'amour* (Ed. Plouvier : « Sous le chaud soleil qui rayonne... »), dont la décision brillante, une sorte de joie passionnée, une grâce légère dans les images, jusqu'au refrain « Saluez, c'est l'amour qui passe ! », en font l'une des plus heureuses inspirations de l'artiste... Et comme il la chantait !

Les chansons suivantes sont moins originales. En 1876,

nous trouvons *les Mules* (P. de Chazot : « Allons, mules d'Espagne ! ») et *Stella* (du même : « Le soir paraît... »), valse-légende d'un assez pauvre rythme, comme le texte, — car, vraiment, Faure n'était pas toujours assez sévère dans son choix ; — et encore *l'Aubade* (de Victor Hugo : « L'aube naît et ta porte est close... »). — Mais *le Joli rêve* (George Boyer) est plus délicat, plus spirituel, dans un mouvement joliment varié et comme descriptif.

Un peu plus tard, en 1881, voici *Mirage* (A. Silvestre : « Veux-tu qu'au beau pays des rêves... ») qui a beaucoup de grâce et de légèreté ; — puis, *Comment, disaient-ils ?* (V. Hugo) dont la « mise en scène » est originale et vivante. — En 1885, c'est la chanson nivernaise *Mignonne, que désirez-vous ?* (P. Vert), facile, mais aimable. — Enfin, en 1889, *Fleur jetée* (A. Silvestre : « Emporte ma folie... ») qui a une pimpante allure « au gré du vent »... Je ne vois pas d'autres pages à classer dans ce groupe.

Celui que je forme des « intimités » est en plein contraste avec lui. Son caractère le rend du reste fort restreint et je n'y ferai entrer que 8 morceaux. Je confesse que le choix peut sembler arbitraire, mais il est déjà comme une appréciation et je le crois juste en ce sens.

Le plus ancien (1872) me paraît être *l'Enfant au jardin* (Manuel : « Va jouer, mon doux ami... ») dont l'expression est de la sobriété la plus éloquente : il y a des larmes dans cette douceur apitoyée pour l'enfant qui joue près du cercueil de son père, et Faure, en l'évoquant de sa voix pénétrante, a fait, à son tour, couler bien des larmes. — *Discrétion* (Manuel : « Ne le dis pas à ton ami... ») est encore d'une fine inspiration : grave, délicate, toute en diction simple et discrète, d'autant plus sincère. Cette période (jusqu'en 1874) est à noter comme particulièrement heureuse pour le choix des textes et la valeur de leur évocation musicale. Voici *Myosotis* (Spinelli : « Sur mon front, comme Marguerite... »), page recueillie et un peu timide, chuchotant à l'oreille son « Ne m'oubliez pas !... » mais soutenu par les phrases persuasives d'un violoncelle. —

Voici les jolis vers de Victor Hugo : *Puisqu'ici-bas toute âme...*, dont les simples inflexions de la mélodie soulignent les nuances et qu'il faut dire avec son âme ...comme il les disait. — Et cette page, la plus belle, peut-être, la plus émouvante de toutes : *Adieux à un ami* (Nadaud : « Ainsi tu pars, et je demeure... ») où la douleur s'efforce de donner le change, où l'ami ne veut pas pleurer l'ami, mais prolonger son culte et lui parler encore comme s'il gardait sa place au foyer : le passage insensible des larmes à la fermeté reprise, puis à l'ivresse du souvenir, est exprimé avec une vérité intense.

Je note, au surplus, en passant, que l'admirable *Crucifix*, dont je parlerai plus loin, est de la même époque que ces mélodies et de la même veine.

J'en rapproche aussi *le Missel* (Sully-Prudhomme) traité un peu comme un récit légendaire, grave, ému, délicat, où le motif est très finement nuancé à chaque reprise sur les pensées successives que suggère le vieux livre et la fleur séchée trouvée entre ses feuillets.

Enfin, mais sept ans plus tard, voici encore deux pages de moindre autorité, mais d'une attachante émotion : *Nous avons passé sans nous voir* (A. Silvestre, bluette toute pénétrée de mélancolie et de regrets discrètement exprimés) ; — et *Dans les fleurs* (E. Montfort : « Je sais un endroit solitaire... »), aspiration pleine d'espoir, au contraire, et d'une élégance fraîche et charmante, d'un goût parfait.

Il faudra aller plus vite avec les autres mélodies, mais combien encore mériteraient plus qu'un souvenir, surtout parmi celles que l'on peut dire à fleur de peau, ailées, légères, simplettes...

Les premières, 1868, ont nom : *Pourquoi?* (V. Hugo : « Si vous n'avez rien à me dire... ») et *l'Étoile* (sonnet de Camille du Locle : « Elle ne chantait plus... ») Viennent ensuite (1871) : *Naïveté* (Manuel : « Ma mère, un jour me dit... ») ; — *l'Aïeule* (Nadaud : « Que dit l'aïeule... ? ») et *Soupirs* (P. de Chazot : « O vous, mon cœur... ») Aucune ne se distingue par quelque trait original. Cependant *l'Étoile* ne manque pas d'ampleur et *l'Aïeule* de finesse. — Comme contraste, voici *Pauvre France!* (Manuel), complainte endeuillée de l'écho de la défaite, utilisant *la Marseillaise* en mineur. Mais *l'Oiseau* (« J'écoutais de ma fenêtre ») et *le Message* (« Tu pars pour ce pays heureux ») de Nadaud tous deux, et créés à Londres, l'un par Pauline Lucca, l'autre par Capoul, reviennent au ton d'aimable facilité; — et encore *Ce que j'aime* (Chantepie : « J'aime la splendeur de la nuit... »).

Il y a plus de grâce simple dans *l'Amour fait son nid*, « bluette » syllabique écrite quelques années plus tard (1874; de Mlle Perronnet : « Avril est venu... »). — Poursuivons (1876) : *Fleurs du matin* « scherzo-valse » : (« J'ai cueilli le lis... ») et le *Nouveau-né* : (« Dans son berceau d'osier... ») sont deux pages d'Autran, mais d'une banalité qui ne pouvait guère inspirer. *Partez, petits oiseaux* (P. de Chazot : « Joyeux chanteurs des bois... ») est au contraire plein de fraîcheur et de grâce, et *Tous les lilas meurent!* (Sully-Prudhomme : « Ici-bas, les lèvres effleurent... ») est d'une jolie expression. *Le Sonnet d'Arvers* (1878 : « Ma vie a son secret... ») répond mal à ce qu'on attendrait, en dépit d'un accompagnement intéressant. — Vient alors la grande « méditation » *Je crois!* (Ch. Vincent : « Non, je ne suis pas un savant ») qui a de la gravité, une belle tenue, accentuée par l'orgue, mais forcément le style bourgeois de la poésie. — Puis, *Un soir de Mai* (A. Grimault : « Vous souvient-il?... », « valse lente » d'une élégance un peu froide, mais nuancée.

Femme et fleur (A. Decourcelle, 1880 : « Dis-moi pourquoi... ») est élégant aussi, mais avec de la largeur en plus dans le phrasé, et l'appoint heureux du violoncelle. Quant à *Cœur d'ivoire* (Manuel : « Il glisse, doux, grave... »), le style en est sévère et un peu étrange, comme les vers ; c'est une sorte de vision rapide saisie au passage et fixée. — *Le Voyageur* (Silvestre : « Voyageur, où vas-tu...? ») termine cette période. C'est une belle page vigoureuse, vibrante, à pleine voix chaude, un peu grandiloquente, à vrai dire, mais selon le texte même, où fleurit le pathos.

C'est le défaut de beaucoup de ces poésies, qui en veulent trop dire en leur brièveté. Mais leur rhétorique peut être plus simple, et la musique s'en ressent : témoin celle de *l'Oiseleur* (P. Barbier : « Chassant un jour, libre et joyeux... » dont l'idée un peu banale est relevée de gaîté preste et drôlette (1882), — ou celle de *Grillon* (G. Boyer : « Déposant son auréole... ») qui a les mêmes qualités de rythmes pimpants (1883). — Témoin celle de *Une fleur, un oiseau* (F. Marth : « Une fleur répandait ses parfums ») qui est bien un peu précieuse, mais élégante, fine, très jolie en somme (1884).

Cette série est bonne, d'ailleurs, et chaque page nouvelle offre quelque attrait nouveau. Ainsi *Priez, chantez !* (J. Bertrand : « La nuit étend ses voiles. ») qui a de l'élan et plus de naturel que les précédentes ; et *Que les prés étaient beaux !* (Comte Sautter de Beauregard), qui semble onduler doucement et dont l'expression est révélée en quelque sorte par le violoncelle. — D'une venue moins heu-heureuse semblent, un peu plus tard (1887) : *Soleil de printemps* (Berlot : « Quand la nature... ») et *Ne jamais la voir !* (Sully-Prudhomme), que la diction doit relever ; — *le Livre de la vie* (Lamartine : « Sur cette page blanche... ») où la beauté de ces vers célèbres a mieux servi le musicien.

Voici qui sonne mieux : *Nature* (Marthe : « Ce n'était qu'un petit peu d'eau... ») est fin, léger, avec un accompagnement de violon ou de violoncelle très mélodique ; — et *Printemps* (Rosemonde Gérard : « Sous le dôme des buissons verts ») offre ce même caractère, adroit et délicat. — *Le Brick hollandais* (P. de Chazot) est du même temps, mais l'auteur ne l'a pas inséré dans ses recueils. — *Les yeux* (F. Bataille : « Les yeux bleus... ») et *Mystère* (du même : « Dis-moi, quand brille au ciel... ») sont moins personnels ; aussi pourquoi s'inspirer de tels textes ?

Ils terminent le quatrième recueil. Mais quelques pages, composées depuis, très espacées, méritent encore, et plus que les dernières, de nous arrêter. *Regarde-toi* (Catelain) est de 1891, comme *Mélancolie* (Silvestre : « Pour suivre le vol de nos rêves ») : deux strophes lentes séparées par un élan d'effusion, avec une partie de violoncelle ou de violon pour en accentuer l'expression ; — *Recueillement* (du même : « Voici l'heure où s'éteint la rumeur des cités. ») est de 1894 : une ample et harmonieuse phrase, une belle impression de sérénité, soulignée avec onction par l'accompagnent; — *Un petit enfant* (Gravollet) est de 1902 : une page exquise, pour le coup, vrai chant du cygne du grand-père, qui, pour chanter sa petite-fille, a trouvé des expressions d'une grâce et d'une légèreté charmantes ; — enfin *Avril* (E. Chebroux : « Voici le mois charmant... ») est de 1904 : une chanson alerte, sans prétention.

Nous avons encore, avant de fermer le livre des mélodies, à inscrire ici quatre morceaux à deux voix, dont le style fait regretter que Faure n'ait pas tiré davantage parti, et peut-être même compris l'intérêt et les ressources de ce genre de composition, dont les maîtres allemands ont donné tant d'exemples. Une seule même, à vrai dire, rentre dans la catégorie de ces *lieds* à deux voix. Les autres sont avant tout des chants religieux, aussi bien à leur place à l'église qu'au concert.

Faure fut bien inspiré le jour où il en eut la première idée, car *le Crucifix* (1873, Victor Hugo : « Vous qui pleurez... ») est une de ses maîtresses pages, très concertante, très large de déclamation, d'un beau caractère religieux et pénétré..., et d'ailleurs d'un effet souverain par le contraste des deux voix et leurs rentrées, l'une sur l'autre, la voix haute répétant l'invocation de la voix basse comme avec une ardeur nouvelle, — jusqu'à l'ensemble final qui les unit en un acte de foi plein de confiance. Divers arrangements ont été faits, avec chœur, avec instruments, et dans différentes langues : l'auteur n'y est pour rien et l'œuvre n'y gagne pas. Le fait qu'il l'a introduite au tome II de ses *Mélodies* prouve assez la simplicité qu'il voulait à son exécution. Faure l'a dédiée à Bosquin, avec qui il la chanta d'abord. Avec combien d'autres ténors ne l'a-t-il pas fait

Madame Faure-Lefebvre.

entendre ! Avec quelle onction ne le disait-il pas ! Et comme il est naturel qu'à ses obsèques les deux premiers artistes de l'Opéra l'aient chantée pour lui !

Sur le lac d'argent (1879, A. Silvestre : « Allons voir sur le lac d'argent... ») est un vrai duetto entre voix de femme et voix d'homme, berger et bergère. Les deux s'unissent au début et à la fin dans leur évocation pittoresque ; le dialogue, sur un ton plus animé, est au milieu. La grâce en est douce et élégante, la mélodie harmonieuse. Vraiment, cet essai profane n'eût pas dû rester le seul ! — *Croyance* (1882, E. Manuel : « Si vous voulez chanter... ») est encore une « méditation » toute religieuse, comme *le Crucifix*, mais écrite d'abord pour une voix. Et en effet, il n'y a pas d'opposition entre deux timbres, entre ces phrases larges et mesurées, et la version duetto n'est qu'une variante, d'un joli effet, comme l'accompagnement éventuel par l'orgue. — *Notre Père*, au contraire (1887), a été directement écrit pour une voix élevée et une voix basse, deux hommes ou deux femmes, presque constamment concertantes. Cette « prière du matin » que peut accompagner l'orgue, est, sur les paroles mêmes du *Pater*, d'une simplicité harmonieuse et limpide du meilleur goût. C'est dans un concert Pasdeloup, le Vendredi Saint, que Faure le chanta pour la première fois, avec Escalaïs.

Nous pouvons maintenant aborder, sans transition, la série des chants proprement religieux, qui fait tant d'honneur, non seulement à l'inspiration noble et altière de l'artiste, mais à son tact, à son sentiment juste des convenances du lieu et du caractère. Je n'ai pas à répéter que ses aspirations personnelles, de tout temps, l'avaient préparé à écrire de la musique d'église : il est hors de doute qu'à tous les moments de sa vie, un goût instinctif l'y ramenait toujours. Ses premières pages profanes (*les Rameaux*, *Sancta Maria*...) sont imprégnées de l'esprit religieux, et des mêmes années se datent ses premiers motets... Les dernières où se plut sa vieillesse commençaient une nouvelle série de « chants religieux », que la surdité vint seule arrêter.

Toutes, elles offrent une qualité peu commune, surtout à l'époque où elles ont été écrites, c'est d'être vraiment des pièces liturgiques. Une réaction a, depuis quelque temps, fait rejeter en bloc tout ce qui n'est pas dans le style grégorien. Entre celui-ci et les mélodies d'église il y a place pour de pures et recueillies inpirations, et si toutes celles de Faure ne sont pas d'un style également soutenu, nombre d'entre elles, qu'on oublie aujourd'hui, ont une valeur musicale dont les maîtrises les plus intransigeantes pourraient se faire honneur.

Selon le caractère des motets, ce sont des chants à une voix, seule ou avec chœur, plus rarement à deux voix ou pour chœur seul. Parfois, des instruments se joignent à l'orgue. L'ensemble de cette série comprend en tout vingt-quatre morceaux, auxquels s'ajoutent trois cantiques français. On y trouve six *O Salutaris*, trois *Pie Jesu*, trois *Tantum ergo*, quatre *Ave Maria*, deux *Pater noster* et neuf autres motets différents. Deux des *O Salutaris* se confondent avec deux des *Pie Jesu*. Tel est le morceau à double texte dédié par Faure à la mémoire de sa mère (1869), dont les dernières mesures seules sont soulignées, pianissimo, par le chœur. Tel celui (dédié à J. Steeman), surtout chanté comme *Pie Jesu*, pour lequel il écrivit un accompagnement d'orgue et de cor ou de violoncelle, qui est peut-être sa plus belle page religieuse, pénétrante, émue, pleine de foi. Le plus intéressant des *O Salutaris* est celui qui a été écrit pour deux voix concertantes, de mezzo soprano et de ténor (dédié à l'abbé Dagout, 1885). C'est le plus ancien de deux, car il en écrivit un autre beaucoup plus tard (1900, dédié à Mme G. Marquet) pour les mêmes voix. Le troisième *Pie Jesu* (dédié à M. Bouichère), qui est parmi les pages anciennes, et fort beau, comporte une importante partie de chœur.

Le premier des *Tantum ergo* (dédié à la mémoire d'Hyacinthe Trévaux « son maître », 1873) est écrit de manière à faire alterner le baryton (ou le contralto) solo, avec le chœur, très important. Un autre, beaucoup plus récent, écrit pour ténor, n'emploie le chœur que pour les dernières mesures des deux versets. Quant au troisième, le plus mélodique (et l'une des dernières compositions de Faure) c'est un pur solo, qui peut seulement se faire accompagner par le violon.

Le plus ancien *Ave Maria* (dédié à Aug. Péron), plein de grâce discrète, a été composé en deux parties, le soliste, mezzo ou ténor, disant tout le premier verset, et les chœurs reprenant le motif pour chanter, seuls, le *Sancta Maria.* — *L'Ave Maria* dédié à l'abbé Chérion a un caractère moins religieux et cherche trop l'effet. D'abord, il a le tort de reprendre le motif du *Sancta Maria* français de 1866 ; puis, il en rehausse la mélodie, par un procédé de théâtre, très harmonieux d'ailleurs, le chœur concertant à bouche fermée pendant tout le chant du premier verset et soulignant à pleine voix celui du second. — Le troisième *Ave Maria* (dédié à Mme Delaquerrière de Miramont, 1890) n'utilise pas de chœurs, mais concerte avec une partie de violoncelle ou de violon. Il ne vaut pas le dernier (1894) qui a de l'ampleur : celui-ci, sans chœur également, comporte une partie de violon.

Des deux *Pater*, le plus ancien (dédié à M. Miquel, 1891) a le plus d'envergure, soit confié à un chœur, d'abord à bouche fermée sous une phrase solo, ensuite seul, depuis le *panem nostrum* jusqu'à la fin, par un effet semblable à celui de l'*Ave Maria*, — soit confié à deux voix, sans chœur. — Mais le dernier, qui date de 1903, pour voix seule, de baryton, avec accompagnement de violon, a plus de simplicité et de grâce religieuses.

Les autres motets sont : un *Agnus Dei* (de 1887) d'un beau caractère ; — un *Ecce panis* (1890), d'abord purement liturgique, puis plus mélodique au moment du *bone pastor*, et terminé avec un chœur pianissimo ; — un *Ave verum* à deux voix (même époque), remarquable comme ampleur de phrase et beauté sonore, sur un accompagnement très harmonieux ; — un *Panis angelicus* (même époque) pour ténor ou soprano, avec un chœur prenant au troisième verset; — un *Laudate* (dédié à Samuel Rousseau) pour grand chœur, d'un style tout liturgique, d'un effet éclatant; — un *Tu es Petrus*, pour ténor et chœur, très large et majestueux; — un *Sub tuum præsidium* pour baryton ou mezzo soprano, avec chœur au début et à la fin, d'un dessin large, expressif, une des plus belles inspirations du musicien; — un *Deus Abraham*, très beau aussi et également pour baryton et chœur, mais celui-ci important, répétant, encadrant le solo; — enfin un *Mater divinæ gratiæ* pour ténor ou soprano, avec répons de chœur (« ora pro nobis »).

Le premier des trois cantiques a pour titre *Gloire à Marie*. Il a été écrit en 1886, pour les fêtes du cinquantenaire de l'Archiconfrérie de Notre-Dame-des-Victoires (sur des paroles de l'abbé Van Camelbeke) : trois strophes pour baryton solo sont suivies chacune d'un refrain en chœur. — Les deux autres sont un hymne à l'Eucharistie : *Dieu caché* et un *Souvenir de Nazareth* (paroles de l'abbé Sédillot) dédié, en 1900, aux religieuses de Saint-François-Régis. — Ces pages ont surtout leur simplicité pour mérite[1].

1. Toutes les œuvres de Faure, y compris son livre *La Voix et le Chant*, ont été éditées par Heugel.

CHAPITRE SIXIÈME

MADAME FAURE-LEFEBVRE.

Les pages qui précèdent n'ont pas été sans donner quelque idée de la compagne que Faure s'était choisie et de l'appui constant qu'il trouva en elle. Il convient d'en dire davantage. Mme Faure était une femme d'élite, de qualités éminentes, d'une grâce et d'une simplicité exquises, d'une abnégation qui confondait, d'une distinction de caractère qui élevait, qui pénétrait. Un peu plus âgée que son mari, elle avait pour lui une sollicitude discrète, dont le charme lui était devenu indispensable comme l'air même qu'il respirait.

Qui l'a vue dans ses dernières années, impotente, infirme, ne saurait l'oublier : sa bonté délicate semblait émaner d'elle comme un parfum ; la vivacité de son esprit faisait oublier son âge ; la sûreté, la noblesse de son jugement révélaient le conseil incomparable qu'elle avait été pour le grand artiste. Quand elle l'eut quitté, il sembla à celui-ci, dans sa détresse infinie, qu'il avait perdu jusqu'à sa raison d'être. Son fils, dont elle avait été l'éducatrice admirable, sa belle-fille, si heureusement choisie, ses petits-enfants... l'entouraient d'un culte passionné.

Mais ce n'est pas sur cette vie de famille et de foyer que je puis insister ici. Si Mme Faure fut un appui singulièrement précieux pour le créateur d'Hoël et d'Hamlet, c'est, qu'elle aussi, elle était une grande artiste. Et je voudrais du moins l'étudier ici comme telle. Écourtée au profit du foyer, sa carrière lyrique n'en fut pas moins fort belle et féconde en souvenirs.

Caroline Lefebvre était née à Paris le 21 décembre 1828. Fille d'architecte, elle avait pris de bonne heure le goût de la musique, était entrée au Conservatoire, y avait reçu les leçons de Banderali et de Moreau-Sainti, et en était sortie, en 1849, avec les premiers prix de chant et d'opéra-comique, lorsqu'elle débuta sur la scène de la Salle Favart, le 12 octobre de cette même année, dans le rôle du chanteur Carlo de *la Part du diable*, d'Auber. Ses succès d'école n'avaient pas menti : débuter par un rôle travesti..., il fallait bien être aussi comédienne que chanteuse. — Coup sur coup, en 1850, vinrent : *la Sirène*, d'Auber (rôle de Zerbina), *la Fée aux roses*, d'Halévy (rôle de Nerilha), où elle dépassa tout ce qu'on espérait d'elle, *Jeannot et Colin*, de Nicolo (rôle de Thérèse), *l'Amant jaloux*, de Grétry (rôle de Léonore). Elle eut même la chance d'une création importante. Déjà, c'est à une indisposition de Mme Ugalde qu'elle devait son succès de *la Fée aux roses*. Le même motif lui attribua le personnage brillant, spirituel et ému de la reine Élisabeth dans *le Songe d'une nuit d'été ;* et ici encore elle surprit (par exemple, à la belle scène du parc de Windsor, la nuit, avec Shakespeare), par l'audace et le fini de sa virtuosité.

Le temps n'était pourtant pas encore venu où elle s'imposerait au premier rang de la troupe : entre Mme Ugalde et Mlle Félix Miolan, Mlle Lefebvre restait un peu *prima donna* intérimaire. Mais déjà l'on n'eût plus su comment se passer d'elle. « Princesse ou paysanne (dit, en 1855, son directeur Émile Perrin), elle abordait tous les rôles, avec une abnégation que pouvaient seuls égaler son intelligence et son talent. »

Notons les principales de ces interprétations.

Avec l'année 1851, d'autres reprises se succédèrent : *les Porcherons*, de Grisar, par exemple (personnage de Mme de Bryane), qui font dire d'elle que reprendre un rôle comme elle le fait « est un tour de force beaucoup plus difficile qu'une création » ; — *la Chanteuse voilée*, de Victor Massé (rôle de Palamita) ; — *Joseph*, de Méhul (rôle de Benjamin), où sa fraîcheur, sa pureté naïve charmèrent à l'envi. Plus, une nouveauté, mais où elle paraissait à peine : *Raymond*, d'Ambroise Thomas. Ayant du temps de reste, elle se fait encore entendre dans des concerts, à Paris ou en province, et chacun dit, en la voyant :

« On ne saurait être plus délicieusement charmé, plus profondément ému, par tout ce que sa personne, sa voix, son talent, ont de séduisant, de suave et de distingué. »

En 1852, voici deux premières représentations : *Madelon*, de Bazin (rôle de Madelon), où sa gaîté, son entrain, la légèreté de sa voix, tout est marqué du bon goût le plus rare ; — et *la Croix de Marie*, de Maillart (rôle de Marie), mélodrame émouvant, sans avenir, mais où elle sut rendre avec une fine pénétration un personnage tout de grâce mystique.

...Je rappelle que c'est à peu près à cette date (20 octobre) que Faure débutait sur cette même scène de l'Opéra-Comique, dans *Galathée*.

L'année 1853 fut plus féconde pour la jeune artiste. C'est celle ou elle prit possession de ce délicieux rôle de Denise, dans *l'Épreuve villageoise*, de Grétry, où elle devait rester sans rivale et qu'elle incarna si longtemps. Lisons ce qu'en disait alors *le Moniteur* : nous en retrouverons autant dix ans plus tard.

Les honneurs de la soirée ont été pour Mlle Lefebvre. Il est impossible d'être plus jolie, plus vraie, plus distinguée, plus touchante, en un mot de chanter ou de jouer plus délicieusement. Elle a été gaie, railleuse, espiègle, coquette et fine au début de son rôle, inquiète et troublée au second acte, câline, insinuante et soumise lorsqu'elle craint de perdre son fiancé. Tous les mots de son rôle ont porté ; tous ses mouvements, tous ses gestes sont d'une simplicité et d'une grâce parfaites... Et comme elle danse ! et comme elle tourne ! et comme elle entraîne son partner ! C'est à n'y pas croire ! quelle vivacité ! quel entrain ! quelle ardeur ! Nous ne lui connaissions pas ce nouveau talent.

Auparavant, elle avait créé un gentil rôle secondaire dans un petit acte de Gastinel : *le Miroir;* elle avait joué, à son tour, Angèle du *Domino noir*, et Coraline du *Toréador*, avec « un triomphe éclatant ». Plus tard, on la suit dans une reprise d'*Haydée*, où sa grâce, sa distinction, une façon à elle de dire l'air de « la brise », séduisirent tout le monde, — et où elle se rencontra pour la première fois, en scène, avec Faure (le traître Malipieri). Puis, dans une œuvre nouvelle de Justin Cadaux, *Colette*, comédie XVIIIe siècle, où elle montrait autant de verve que de simplicité. Lorsqu'on l'emprisonne dans un corsage de satin, dit un critique, et qu'elle se déclare « ficelée comme un bouquet de violettes », on trouve en effet « qu'il s'exhale de son jeu un parfum exquis de mélodie et de diction naïve et coquette, d'entrain et de chaleur... » Enfin (avec Faure), dans une belle reprise de *la Tonelli*, double rôle de paysanne et d'actrice.

1854, c'est *l'Étoile du Nord*, où elle n'est que la tendre Prascovia, mais qui a de si jolies choses à dire et qu'elle rend si touchante ; — c'est une reprise des *Porcherons*, la jolie partition de Grisar, où elle « nuance avec autant de finesse que d'esprit » le personnage de la marquise de Bryane. — « Naturelle et vraie dans la scène des paniers, qui se termine par de petits éclats de rire, pénétrants comme la lame d'un couteau, elle a eu des moments d'une sensibilité exquise et d'un embarras charmant, dans ses tête-à-tête avec Antoine. » — C'est encore *le Pré-aux-clercs*, où nulle autre Nicette n'eut jamais plus d'esprit, de malice et d'espièglerie : « Elle lui donne une physionomie piquante (je cite toujours *le Moniteur*), et sa naïveté même est remplie d'intentions. » Pour le chant, d'ailleurs, on la trouve au-dessus de son rôle : c'est la verve et la finesse mêmes.

Ce double talent de comédienne-chanteuse, diverses créations, en 1855, le font apprécier de plus en plus. Voici d'abord *le Chien du jardinier*, où, nous l'avons vu, elle avait Faure pour partenaire. Le même critique s'exprime ainsi sur son compte :

Mlle Lefebvre a donné au personnage de Catherine une physionomie des plus malicieuses et des plus piquantes, qui n'exclut pas une certaine naïveté. Elle est fort jolie sous sa cornette cauchoise. Elle chante ses couplets à ravir : « Promettre, hélas ! c'est bientôt fait », etc. Elle vous dit tout cela avec beaucoup de finesse et en même temps de naturel. Elle détaille aussi parfaitement le second couplet de la chanson du jardinier, appuyant avec toute la grâce et la coquetterie possibles sur la double signification de cette allégorie villageoise. Enfin, elle est charmante d'un bout à l'autre de son rôle.

Un mois plus tard, c'est *Miss Fauvette*, que Victor Massé avait écrit pour Mme Miolan-Carvalho, mais qui, au dernier moment, comme *le Songe d'une nuit d'été*, échut à la toujours prête Mlle Lefebvre. Les comptes rendus ne manquèrent pas de souligner le contraste :

Ç'a été un grand triomphe pour cette artiste, d'avoir pu se montrer, à peu de jours d'intervalle, comédienne si fine, si spirituelle et si accomplie dans *le Chien du jardinier*, et cantatrice si brillante et si exercée dans *Miss Fauvette*. Dans ce dernier rôle, elle est mise on ne peut mieux. Vous diriez un joli pastel détaché de son cadre, son jeu est naturel et distingué, sa voix pénétrante et juste, son chant rempli d'âme et de sensibilité.

Jacqueline, bluette plus indigente, signée d'Omont et Costé, ne peut nous arrêter ; et il faudrait passer de même *Le houzard de Berchini*, d'Adam, si le personnage de Rosette n'avait donné quelque vérité à cette étrange comédie, s'il n'avait « ravi et touché le public ».

On ne remarque guère, au cours de l'année suivante, que l'apparition de l'artiste dans Catherine, cette fois, de *l'Étoile du Nord*, et, contraste habituel, dans la Colombine du *Tableau parlant :* ici la verve piquante, là l'émotion et le grand caractère ; — mais surtout le joli rôle de Sylvia dans l'œuvre importante d'Halévy : *Valentine d'Aubigny*. Il y avait de tout parmi ces trois actes : un imbroglio à substitutions, du comique et du sentiment, de la grâce et de l'émotion, des virtuosités de cantatrice et des délicatesses de naturel et d'intimité. Au vrai, c'est la première grande création de Caroline Lefebvre, directement offerte à son talent, et l'on ne voit pas qui eût pu l'évoquer avec plus de supériorité à tous égards. C'est tantôt la simplicité, la grâce qu'on souligne, et tantôt la verve, la légèreté, l'étincelante fusée de notes...

Mlle Lefebvre a fort bien saisi et fort bien rendu le rôle extrêmement difficile de la comédienne, qui passe de la gaîté, de la moquerie et du persiflage à la passion la plus vraie et au plus touchant repentir. Elle a chanté et vocalisé à merveille tous ses morceaux, et nous voulons la féliciter notamment de la hardiesse avec laquelle elle franchit deux octaves, du *la* supérieur au *la* grave, sur ces mots : « La comédienne italienne a racheté la liberté. » Dans le trait qui suit, elle donne un *ut* dièse aigu très juste, très vibrant et très sonore. Ce sont là des prouesses qu'il faut signaler.

Mais il était écrit que cette si souple et si précieuse artiste ne serait appelée à interpréter que des œuvres sans avenir ! *Valentine* est un échec, en somme, dans la carrière de l'auteur de *la Juive*, et voici, avec 1857, une *Psyché* qui, plus fortunée sans doute, et à de meilleurs titres, ne compte que pour quelques pages dans l'œuvre de l'auteur d'*Hamlet*. En ce qui concerne, du moins, l'interprète, le rôle de Psyché est resté justement attaché à son souvenir, et peu lui ont fait autant d'honneur. On rend plus aisément le personnage d'une comédienne ou d'une paysanne que celui d'une héroïne de mythologie classique. Caroline Lefebvre passait de l'une à l'autre avec une simplicité comme intuitive. Il semblait toujours, à la voir vivre un de ses rôles, qu'elle l'inventât au fil des répliques...

Mlle Lefebvre (dit Fiorentino) est charmante dans le rôle de Psyché. Il faudrait le ciseau de Tencrani pour bien rendre la grâce et la souplesse de ses mouvements, la mélancolie touchante de ses poses, la morbidesse de ses draperies. Rarement elle a eu l'occasion de se montrer aussi dramatique et aussi émouvante qu'elle l'a été dans toutes ces scènes d'amour, aussi parfaite d'expression, de tendresse et de sentiment. Elle a chanté délicieusement son air : « Ah ! malgré moi, j'ai peur, je crois. » Elle a joué en grande comédienne la scène de la lampe...

Pour cette fois, elle ne remplaçait pas Mme Ugalde : c'est celle-ci qui incarnait Eros, et le contraste de ces deux natures d'artistes n'en était que mieux souligné. Quelques semaines plus tard, c'est avec Faure qu'elle triomphait de nouveau, et de la façon la plus aimable, dans la reprise de *Joconde*. J'ai dit l'inattendu succès de l'œuvre de Nicolo. Nul n'eût pu dire, au début de cette fructueuse série de représentations, à qui des deux artistes il était surtout dû. Il semble que, si la réputation croissante de l'un a soutenu plus longtemps l'œuvre, c'est l'autre qui, d'abord, ravit davantage.

Pour être juste (dit Fiorentino), il faut placer Mlle Lefebvre en première ligne. Malgré le talent déployé par Faure dans le rôle de Joconde, c'est à Jeannette que reviennent les honneurs de la soirée. ...Elle a imité, avec une finesse et une grâce adorables, le chevrotement de la grand'mère dans le joli duo qui ouvre le second acte... Je défie toutes les comédiennes du monde de dire avec la même naïveté campagnarde, doublée d'autant de ruse et de malice :

Ma mère et le bailli sont bien
Et je crois que j'aurai la rose.

Rien de plus ingénieux et de plus spirituel à la fois que le trio de Jeannette, Robert et Joconde : « Je voudrais bien vous dire quelque chose... »

Un peu plus tard, *le Moniteur*, encore, tout en constatant quel éclat extraordinaire Faure donnait à son rôle, lui conseillait de prendre garde à s'éloigner de la simplicité et du naturel : « Qu'il prenne des leçons de goût de Mlle Lefebvre ! » concluait-il.

Le conseil était bon : n'hésitons pas à déclarer que Faure l'a suivi toute sa vie.

C'est à l'occasion de la rentrée des deux camarades que cet article avait été écrit. Ils revenaient de Bade où ils ils avaient été engagés ensemble, pour la saison lyrique du mois d'août, et avaient paru, soit dans des concerts, soit pour créer un opéra comique de Victor Massé : *le Cousin de Marivaux*, dont j'ai parlé en son temps.

Que trouvons-nous maintenant, avec l'année suivante ? Une reprise de *Fra Diavolo* où, sous les traits de Zerline, la piquante fille d'auberge, Mlle Lefebvre parut « plus que jolie et touchante », et où la fameuse scène du coucher donna l'impression d'autant de tact que de grâce... Une autre, du *Muletier*, d'Hérold, où le personnage d'Inezia, une ingénue, fit dire joliment : « Le fait est qu'elle ne peut s'empêcher d'y entendre finesse ; mais, après tout, qui oserait lui en vouloir ? Mlle Lefebvre est foncièrement spirituelle, et, quoi qu'on fasse pour le cacher, l'esprit se trahit toujours. »

Enfin, une seule nouveauté : *les Trois Nicolas*, de Clapisson. A peine la nommerait-on, comme la plupart de celles que rappellent ces années-là, si la charmante artiste n'avait comme un talent particulier pour tirer une séduction inattendue des moindres personnages. Tel, en mai 1859 : *le Diable au moulin*, de Gevaert. Si le meunier Antoine fait le diable et si sa jeune voisine Marthe s'est mis dans la tête de le mâter... en exagérant ses défauts, en faisant plus que lui le diable, jusqu'au moment où il lui propose une réforme mutuelle, — c'était bien affaire à Mlle Lefebvre, à sa douceur sournoise, à sa grâce irrésistible, à toute sa personne : « Elle a (dit quelqu'un) un joli chapeau fort gentiment perché sur le haut de sa tête, une taille à pouvoir être serrée par la main d'un enfant, et le plus charmant petit pied du monde. »

Ce séduisant portrait pourrait sans doute s'appliquer aussi, avec une couronne au lieu de chapeau, à l'exquise fiancée qui épousait Faure, le 4 juin suivant, à Sèvres. Je n'ai pas à revenir sur cette fête de famille.

Quelques mois plus tard, à l'occasion d'une autre comédie lyrique : *Rita ou le mari battu*, œuvre posthume de Donizetti, un critique déclara qu'une grosse invraisemblance déparaît l'œuvre. « Que deux hommes, assez heureux pour avoir épousé Mlle Faure-Lefebvre veuillent tous deux la quitter, ce n'est pas admissible ! » — Un autre écrivait :

> Mlle Lefebvre (Mme Faure) a été si fine et si câline, avec tant de malice, d'esprit, de vivacité, d'agrément, et une inclination si naturelle à frapper, qu'on lui présenterait volontiers l'autre joue, selon le précepte évangélique.

Au surplus, chaque reprise était une occasion nouvelle,

pour le public, de témoigner combien il tenait à elle, combien il craignait de la perdre. Depuis la résiliation de Faure, on gardait l'impression qu'elle ne tarderait pas à agir de même.

Avant *Rita*, on l'avait fêtée dans *les Mousquetaires de la Reine* (rôle de Berthe de Simiane). Après, c'est-à-dire en août 1860, une reprise de l'aimable *Petit chaperon rouge*, de Boïeldieu, faisait dire à Fiorentino :

Dans ce joli rôle de Rose d'Amour, il me paraît impossible qu'on ait mis plus d'esprit, plus de charme et de finesse que Mlle Lefebvre. On dit qu'elle n'est pas assez ingénue, qu'elle y entend trop malice. C'est ce que les auteurs ont voulu. Leur petite paysanne n'est point si candide qu'elle en a l'air; elle en sait plus long que la fillette de Perraud; si elle n'écoute point Rodolphe, c'est que son cœur est déjà pris par Alain.

Elle a dit sa ronde du premier acte d'une manière délicieuse, elle est fort jolie, fort bien mise, et faite à peindre; elle ne paraît pas avoir plus de quinze ans. Quand le chant s'arrête et qu'elle récite quelques mots à la fin de chaque couplet, sa voix prend des inflexions si douces et si câlines, soulignées par des regards si tendres et si perçants, que le bon ermite lui-même en serait troublé malgré sa barbe blanche et son air vénérable.

L'engagement de Mme Faure devait finir en octobre 1861 : elle employa cette année de façon à satisfaire encore souvent le public. En dehors du répertoire, on peut noter une nouveauté, *l'Eventail*, d'Ernest Boulanger, déc. 1860, où elle jouait un personnage de veuve espagnole, fine et coquette; et pour ses adieux, en quelque sorte (1861), une brillante reprise du *Postillon de Longjumeau*, dont le personnage de Madeleine est tout en nuances piquantes, en ingénuité coquette, en brio étincelant. On avait aussi annoncé une reprise du *Val d'Andorre*, où elle eût joué la touchante Fléur de Mai, mais elle n'eut pas lieu.

... Et alors, c'est l'effacement, la retraite, la vie cachée... ; puis, la naissance de son fils Maurice, le 11 mai 1862. — Pourtant, était-il tellement nécessaire de tout quitter déjà pour le recueillement du foyer ? L'aimable femme s'accorda encore trois années de carrière, mais qui furent bien, pour le coup, les dernières. Attardons-nous y un peu : elles sont intéressantes.

L'année 1862 ne s'acheva pas sans un engagement au nouveau Théâtre Lyrique de Carvalho, de pair avec Pauline Viardot, Marie Cabel et Mme Miolan-Carvalho.

Il ne semble pas toutefois qu'elle ait repris contact avec le public avant le 31 mars, à l'occasion d'une gauche adaptation du *Cosi fan tutte* de Mozart, à la comédie de Shakespeare *Peines d'amour perdues.* Elle y chanta la partie de Dorabella, toute grâce discrète, tandis que Marie Cabel exaltait en plein éclat celui de Fiordiligi (sous d'autres noms de personnages, l'une et l'autre). Puis vint l'été, où la saison de Bade lui valut, avec *l'Épreuve villageoise* et *le Pré-aux-clercs*, deux créations : l'une dans *Volage et jaloux*, de Rosenhain (personnage d'Emma), l'autre dans *le Chevalier Nahel* de Litolff (Wilhelmine).

La première œuvre était un simple proverbe, imité de Kotzebue : un mari qui se déguise pour mettre sa femme à l'épreuve. La seconde est au contraire l'une des plus importantes partitions de l'auteur des *Templiers*, un drame d'intrigue passablement noir, dont l'action remonte à la Guerre de Trente ans et se déroule entre le duc de Saxe-Weimar et le roi de Suède Gustave-Adolphe. Le rôle de la princesse, aimée du duc, fut, pour Mme Faure, l'occasion de suffrages sans réserve.

Si flatteur que fût leur éclat, il devait être dépassé par l'accueil qui l'attendait à son retour au Théâtre Lyrique, au début de septembre, dans une double reprise de *Joseph* et de *l'Épreuve villageoise.* On peut presque le prendre pour une revanche, si l'on en juge par le joli article du *Moniteur* que je n'hésite pas à transcrire en entier.

> C'est Mme Faure qui chantait Benjamin. Elle a dit tout son rôle avec une simplicité et une grâce parfaites. On lui a fait répéter le duo avec Jacob, où elle a mis beaucoup de passion, de chaleur et d'énergie. Quelle intelligente et délicieuse artiste ! Je ne sais pourquoi on s'était amusé à faire courir le bruit qu'elle avait perdu sa voix. C'est la dernière ressource de la médisance et de l'envie. Jamais, au contraire, elle n'a été plus en voix ni plus en verve...

Dans *l'Épreuve villageoise* elle est tout à fait charmante. Sa taille tiendrait entre deux mains d'enfant, son pied disparaît dans une mule imperceptible, et quand elle se pose un doigt sur les lèvres, le coude appuyé légèrement sur le rebord de la croisée qui encadre le joli minois de bergère aux aguets, Watteau n'a rien peint de plus fin, de plus mignon, de plus délicat. Mme Lefebvre est l'artiste d'opéra-comique par excellence ; le genre dit national paraît avoir été inventé et créé pour elle : elle rend fort bien cette vérité de convention qui est un des plus piquants attraits de la peinture et de la musique du XVIIIe siècle. Les mélodies de Grétry ne sont pas plus simples que les jeunes filles de Greuze ne sont pures et candides... Mme Lefebvre possède à fond cet art si exquis de tout dire à demi-mot, cette ingénuité qui en sait plus long que la science la plus raffinée, ces regards pleins de curiosité enfantine et de questions embarrassantes, ce sourire aiguisé d'une pointe de malice, ces chansons si naïves en apparence, dont le dernier trait démasque tout à coup les batteries et fait feu sur les niais qui s'y étaient trompés. Le rôle de Denise est son chef-d'œuvre; elle y met une grâce, une finesse, une mignardise adorable. Elle dit ses « j'avons » et ses « j'voulons » du ton précieux d'une duchesse qui jouerait une pastorale à Trianon.

Le succès de l'œuvre de Grétry, spécialement, se chiffra par 45 représentations, entre cette année et la suivante. Une reprise d'*Obéron* est pourtant à noter encore, en novembre, où l'on devine facilement que le gracieux rôle de Fatime ne fut pas rendu par l'artiste avec moins de finesse et d'esprit.

Un autre triomphe, d'un goût plus rare, lui était réservé avec *Mireille*, le 19 mars 1864. On sait les difficultés qu'éprouva l'exquise partition de Gounod avant de s'imposer, combien elle fut d'abord mal comprise, et justement dans ce qu'elle avait de plus original... Mais ce n'est pas pour Mme Faure que le succès hésita. Elle avait eu l'idée piquante — que personne n'a reprise depuis — d'incarner successivement les deux personnages de la vieille Taven et du petit pâtre Andreloun. Quel contraste, pourtant, non seulement entre eux, mais entre les styles qui les caractérisent, entre les couplets : « Voici la saison, mignonne... » (que l'on bissa), et la pure cantilène : « Le jour se lève et fait pâlir la sombre nuit. »

Laissons encore parler Fiorentino.

Mme Faure-Lefebvre joue deux rôles, et l'on ne saurait dire dans lequel des deux elle est plus charmante. Elle chante ses couplets de la vieille fée d'une voix si fraîche et si pure, que son petit chevrottement, d'une gentillesse extrême, ne sert qu'à marquer le rythme et à faire mieux ressortir la franchise et la beauté de la mélodie. Sous les traits du jeune pâtre, elle est vraiment adorable. Les bergers de l'Arcadie n'avaient, certes, pas les contours plus délicats, les attaches plus fines, les poses plus élégantes. Lorsqu'elle plie un genou devant Mireille, lorsqu'elle la regarde avec une curiosité mêlée d'une admiration naïve et d'un doux attendrissement, lorsque après lui avoir donné à boire dans le creux de ses mains, elle les essuie d'un geste si naturel et si gracieux, elle est à peindre et à mouler.

Cette double évocation artistique est malheureusement la dernière qui mérite de fixer notre souvenir. Jamais, peut-être, Mme Faure n'a eu à exercer son talent au profit de tant d'œuvres nouvelles qu'à cette époque, et pas une n'a laissé la moindre trace. On en aura assez vite achevé l'énumération.

D'abord, avec la fin de l'année 1864, voici *Bégaiements d'amour*, de Grisar, un acte à deux personnages, qui semblait écrit pour « l'esprit, le tact, la finesse et la grâce » de notre artiste, en jeune veuve aussi séduisante que... bègue !

Puis, en 1865 : *l'Aventurier*, 4 actes du prince Poniatowski, invraisemblable roman mexicain, partition de goût aimable et varié où Mme Faure avait le seul rôle un peu gai, celui de la piquante et amoureuse petite Anita ; — *les Mémoires de Fanchette*, encore une comédie à deux, et encore comme écrite pour elle, œuvre du comte Gabrielli, qui met en scène l'aventure de Dufresny épousant sa blanchisseuse en guise de paiement ; — *le Mariage de Don Lope*, un acte également, dû à Édouard de Hartog, scènes d'Espagne, où la fine soubrette Rosine manœuvre pour marier un nigaud qui n'y pensait pas... Enfin, au mois de juin, pour clôture, *Lisbeth*, imbroglio assez étrange, imaginé sur certaine petite partition que Mendelssohn avait écrite pour une fête de famille et qui fut retrouvée, inédite, après sa mort, sous ce titre « Le Retour de l'étranger ». C'était encore un acte, avec un seul personnage féminin.

Faust, rôle de Méphistophélès.

à M. de Curzon
son ami J. Faure

Entre temps, Mme Faure avait paru d'une gaîté originale dans le gentil rôle de Papagena, de *la Flûte enchantée*, qu'on venait de monter.

J'aurai tout dit en notant encore ses deux dernières saisons de Bade : l'une très brillante, celle de 1864, lui apporta deux petites créations : *De par le Roi*, d'abord, une comédie très gaie, partition de Gustave Héquet, qui mettait aux prises, en Espagne, un jeune mousquetaire français avec quatre prétendantes pour une, entre lesquelles il doit choisir ; puis *la Fleur de lotus*, de Prosper Pascal, œuvre plus modeste, où, cette fois, Mme Faure était seule, et, entre temps, *Joconde*, *Fra Diavolo*, *Volage et jaloux*, ainsi que *Maître Wolfram*, la délicate comédie bourgeoise de Reyer, qu'elle n'avait pas encore interprétée ; — l'autre, celle de 1865, où pour une fois la musique n'eut pas d'accès, mais qui marque d'une façon particulièrement exquise, bien qu'inattendue, les adieux de l'artiste à la carrière théâtrale : le rôle de Chérubin dans la comédie de Beaumarchais, *le Mariage de Figaro*. On voit d'ici la grâce spirituelle et svelte dont elle enveloppait le gentil personnage, et l'on entend « la romance à Madame », chantée comme on ne la chante pas habituellement.

...Et c'est tout. Le reste est silence, comme dit Hamlet. Mme Faure rentra au foyer et ne s'occupa plus que de son mari et de son fils. Ce qu'elle fut pour eux, on l'a un peu vu déjà. Pour l'un, elle fut constamment, uniquement, le plus précieux des conseillers, le plus ferme des soutiens, la plus aimable et la plus délicate des compagnes. De l'autre, elle fit un homme d'élite, artiste et érudit à la fois, et un grand cœur à son image...

TABLEAU
DES ROLES JOUÉS PAR FAURE
(A PARIS ET A LONDRES)

Opéra-Comique.

1852. *Galathée* : Pygmalion (création).
Le Caïd : Michel.
1853. *La Tonelli* : Manelli (création).
Haydée : Malipieri.
Marco Spada : Frère Borromée.
Le Chalet : Max.
1854. *Le Songe d'une nuit d'été* : Falstaff.
Marco Spada : Torrida.
L'Étoile du Nord : Peters.
1855. *Le Chien du jardinier* : Justin (création).
Jenny Bell : Greenwich (création).
1856. *Manon Lescaut* : Mis d'Hérigny (création).
Le Sylphe : Valbreuse (création).
1857. *Joconde* : Joconde.
1858. *Quentin Durward* : Crèvecœur (création).
1859. *Le Pardon de Ploërmel* : Hoël (création).

Opéra.

1861. *Pierre de Médicis* : Pierre (création).
Guillaume Tell : Guillaume.
1862. *La Favorite* : Alphonse.
1863. *La Mule de Pedro* : Pedro (création).
Les Huguenots : Nevers.
La Muette de Portici : Pietro.
Moïse : Pharaon.

1865. *L'Africaine* : Nelusko (création).
1866. *Don Juan* : Don Juan.
1867. *Don Carlos* : Mis de Posa (création).
La Fiancée de Corinthe : Polus (création).
1868. *Hamlet* : Hamlet (création).
1869. *Faust* : Méphistophélès.
1873. *La Coupe du roi de Thulé* : Paddock (création).
1876. *Jeanne d'Arc* : Charles VII (création).

LONDRES (Covent-Garden).

1860. *Dinorah* (Le Pardon de Ploërmel) : Hoël.
La Favorita : Alphonse.
La Gazza Ladra : Fernando.
Gli Ugonotti : Saint-Bris.
1861. *Don Giovanni* : Don Juan.
Guglielmo Tell : Guillaume.
1863. *I Puritani* : Ricardo.
Masaniello (La Muette) : Pietro.
Fausto : Méphistophélès.
1864. *Gli Ugonotti* : Nevers.
La Sonnambula : Rodolfo.
L'Elisire d'amore : Dulcamara.
La Stella del Norte : Peters.
1866. *Le Nozze di Figaro* : Figaro.
1870. *Otello* : Iago.
Mignon : Lotario.
1871. *Amleto* : Hamlet.
1872. *Freischütz* : Gaspard.
Il Guarany : Il Guarany.
1875. *Semiramida* : Assur.
1876. *Lucrezia Borgia* : Le Duc.

TABLE DES ILLUSTRATIONS

	pages
FAURE A SON PIANO, tableau de Zorn	*frontispice*
FAURE A 18 ET A 80 ANS	16
Le Chien du jardinier, rôle de Justin (1855)	32
Les Noces de Figaro, rôle de Figaro (1866)	32
Le Pardon de Ploërmel, rôle d'Hoël (1859)	48
Don Juan, rôle de Don Juan (1861)	64
Guillaume Tell, rôle de Guillaume (1861)	80
Don Carlos, rôle de Don Rodrigue (1867)	96
Moïse, rôle de Pharaon (1863)	112
Les Huguenots, rôle de Nevers (1863)	112
L'Africaine, rôle de Nelusko (1865)	128
Hamlet, rôle d'Hamlet (1868)	144
La Coupe du Roi de Thulé, rôle de Paddock (1873)	144
Mme FAURE-LEFEBVRE (lithographie)	160
Faust, rôle de Méphistophélès (1863)	176

TABLE DES MATIÈRES

Pages

A la mémoire de Maurice Faure........................ 1

CHAPITRE PREMIER

L'Enfance, les Maîtrises, le Conservatoire (1830-1852)... 5

CHAPITRE DEUXIÈME

L'Opéra-Comique (1852-1860)........................ 14

CHAPITRE TROISIÈME

L'Opéra. Londres et la carrière italienne (1861-1876)..... 45

CHAPITRE QUATRIÈME

Les Tournées. Les Concerts. La Retraite. Les Collections (1876-1914).. 105

CHAPITRE CINQUIÈME

L'Art vocal. L'Œuvre musicale........................ 131

CHAPITRE SIXIÈME

Madame Faure-Lefebvre........................ 165

MACON, PROTAT FRÈRES, IMPRIMEURS.

www.ingramcontent.com/pod-product-compliance
Ingram Content Group UK Ltd.
Pitfield, Milton Keynes, MK11 3LW, UK
UKHW020551180726
13838UKWH00001B/169